本书受到云南省哲学社会科学学术著作出版专项经费资助

农村土地流转与农民养老
——基于西部少数民族地区现状的研究

崔瑛 张焱 张怡帆 著

图书在版编目(CIP)数据

农村土地流转与农民养老：基于西部少数民族地区现状的研究／崔瑛，张淼，张怡帆著.—上海：立信会计出版社，2016.3
ISBN 978-7-5429-4980-6

Ⅰ.①农… Ⅱ.①崔… ②张… ③张… Ⅲ.①少数民族-民族地区-农村-土地流转-研究-中国 ②少数民族-民族地区-农民-养老保险制度-研究-中国 Ⅳ.①F321.1 ②F323.89

中国版本图书馆 CIP 数据核字(2016)第 101990 号

策划编辑　孙　勇
责任编辑　孙　勇
封面设计　南房间

农村土地流转与农民养老——基于西部少数民族地区现状的研究

出版发行	立信会计出版社			
地　　址	上海市中山西路 2230 号	邮政编码	200235
电　　话	(021)64411389	传　　真	(021)64411325
网　　址	www.lixinaph.com	电子邮箱	lxaph@sh163.net
网上书店	www.shlx.net	电　　话	(021)64411071
经　　销	各地新华书店		
印　　刷	江苏凤凰数码印务有限公司		
开　　本	850 毫米×1168 毫米	1/32	
印　　张	7.5	插　　页	1
字　　数	189 千字		
版　　次	2016 年 3 月第 1 版		
印　　次	2016 年 3 月第 1 次		
印　　数	1000		
书　　号	ISBN 978-7-5429-4980-6/F		
定　　价	28.00 元		

如有印订差错，请与本社联系调换

前言
PREFACE

进入21世纪以来,党和国家开始把社会保障问题放到一个崭新的高度来认识。中国的社会保障发展进入了"天时、地利、人和"的最好时期。中共十八大报告提出:"改革、完善企业和机关事业单位社会保险制度,整合城乡居民基本养老保险和基本医疗保险制度,逐步做实养老保险个人账户,实现基础养老金全国统筹,建立兼顾各类人员的社会保障待遇确定机制和正常调整机制。"

建立适应农村特点和农民需求的社会养老保险制度关系到数亿农民的切身利益,关系到国家的长治久安与社会的和谐稳定。然而,西部少数民族地区集中了中国绝大部分的贫困人口,老龄化现象十分严重,这使西部少数民族地区的养老保障问题能否得到妥善解决,成为各级政府的一项较为艰难和紧迫的任务,直接影响社会主义新农村建设的进程。研究我国西部少数民族农村居民的养老保障问题,在西部农村少数民族地区建立养老保障制度,有着积极的政治、经济和社会意义,不仅能够全面推进少数民族地区的现代化进程,也有利于消除西部少数民族地区的贫富分化,实现社会分配公平,维护社会稳定。

本书是在国家社科基金"西部少数民族地区土地流转制度下的农民养老保障机制改革研究"西部项目研究成果的基础上修改完成的。分析的视角着重于农村养老保障机制的建构、发展、改革和创新。本书的视点是以西部少数民族地区为研究对象,从理论上系统研究土地流转制度下的农民养老保障问题。通过调查,深入了解西部少数民族地区的土地流转现状以及农民的养老模式,指出现行土地流转制度和农民养老保障制度中的不足之处,提出一些可行性建议和意见,希望能够为改善西部地区居民的生活质量,推动当地的经济发展提供指导和借鉴。此外,各类合理化的建议有利于让西部地区的老年人安享晚年,使这些地区的民族问题得到合理解决,并为实现国家安定团结创造有利条件,且对农村养老保障制度的改革具有一定的指导意义。

本书共分为七章。第一章和第二章主要介绍了本研究的思路、方法、主要内容以及关于农村养老的相关理论。第三章研究国内外典型地区农村养老的模式和实践,对我国西部少数民族地区养老问题具有指导意义。第四章介绍了西部少数民族地区农村土地制度和农民养老保障制度的发展历程。第五章对西部少数民族地区农村土地流转及农民养老保障现状进行分析。第六章研究了西部少数民族地区土地流转制度下农民养老保障机制创新。第七章是对西部少数民族地区土地流转制度下农民养老保障机制改革的理论思考和政策建议。

本书的特点包括以下几点:第一,首次提出对农民家庭赡养老人的支出结构进行对比分析,研究农村土地流转制度影响和制约农村家庭养老的各项数据指标特征等及各项指标之间的关系,预期将有益于农村养老保障体系的建立和完善,为相关管理机构和部门在政策的制定方面提供有益的参考。第二,该领域以往的研究大多只针对个别地区和经济相对发达的中部地区,而本书的研究对象是西部少数民族地区,从经济发展水平、自然地理条件、交通基础设施、农村人力资源素质、农村人均收入水平等多方面考察,其"欠发达"特征在我国西部省(区)都具有突出的代表性。农民人均纯收入和全国平均水平相比相差很大,农村土地流转制度与家庭赡养老人能力与实际需要差距也很大。本书对农村家庭赡养老人的负担结构如何,中部地区与西部少数民族地区存在怎样的差异,农村土地流转制度影响赡养老人的各项指标,具有怎样的数据特征等问题都提出了一些独到的意见,以供各地实施改革措施时参考。

中国是农业大国,农村人口仍然占总人口的大多数,区域经济发展极不平衡,中国,特别是中国西部少数民族的社会养老保障工作是一项巨大的社会工程。本书中对西部少数民族地区农民养老保障制度的探索和意见,希望能为中国西部少数民族地区的社会保障工作的改革和建设提供一些有益的思路。

本书由崔瑛策划,张怡帆、张焱负责拟订全书的框架并总纂定稿,参加调查和资料整理的有彭德远、李雄平、彭云、杨勇、孔冬青、张天友、陈骥、陆俊文。参加了书稿的文字校对工作的有代贞贞、张倩、易昊、田增涛、马淼、李洋、王征、杨晓慧、李盼盼、李雅男。在此对本书撰写的参与者表示感谢。

本书的出版获得了云南省哲学社科出版的资助,在此表示衷心感谢。

由于笔者精力及理论水平有限,本书的探索也只能是冰山一角,欠缺和片面之处在所难免,恳请读者批评指正。

崔　瑛

目录
CONTENTS

第一章 绪论 …………………………………………… 1
 第一节 选题背景 …………………………………… 1
 第二节 研究目标、研究思路、技术路线和研究方法 …… 17
 第三节 研究的主要内容、研究的创新与不足之处 …… 23
 第四节 研究村庄的选取 …………………………… 26

第二章 理论基础 ……………………………………… 31
 第一节 相关概念 …………………………………… 31
 第二节 相关理论 …………………………………… 39

第三章 国内外可资借鉴的经验 ……………………… 47
 第一节 国内外土地流转制度的经验启示 ………… 47
 第二节 国内典型地区农村养老的实践与创新 …… 50
 第三节 国外农民养老保障制度的经验启示 ……… 55

第四章 西部少数民族地区农村土地制度和农民养老保障
    制度的发展历程 ……………………………… 63
 第一节 西部少数民族地区农村土地制度的发展历程 …… 63
 第二节 西部少数民族地区农民养老保障制度的发展
    历程 …………………………………………… 67
 第三节 西部少数民族地区农村土地制度和农民养老
    保障制度历史进程中的关联性分析 ………… 71

第五章　西部少数民族地区农村土地流转及农民养老保障现状分析 …… 73

第一节　选取样本简介 …… 73
第二节　西部少数民族地区农村土地流转现状分析 …… 74
第三节　西部少数民族地区农民养老保障现状分析 …… 80
第四节　西部少数民族地区农村土地与农民养老保障关系分析 …… 96
第五节　西部少数民族地区农村土地流转对农民养老保障的影响分析 …… 111

第六章　西部少数民族地区土地流转制度下农民养老保障机制创新 …… 129

第一节　西部少数民族地区农村土地流转制度下农村养老保障机制创新的总体思路和主要内涵 …… 129
第二节　西部少数民族地区土地流转制度下农民养老保障机制创新的制度文化基础 …… 134
第三节　西部少数民族地区土地流转制度下农民养老保障机制创新的家庭基础 …… 148
第四节　西部少数民族地区农村土地流转制度下农民养老保障机制创新的主要内涵 …… 151

第七章　西部少数民族地区土地流转制度下农民养老保障机制改革的理论思考和政策建议 …… 159

第一节　西部少数民族地区土地流转给农民养老保障带来的机遇和挑战 …… 159
第二节　西部少数民族地区农村土地流转制度的改革和完善 …… 163

第三节 西部少数民族地区土地流转制度下农民养老
　　　　保障的基本走向 …………………………… 176
第四节 西部少数民族地区基于土地流转背景下的农民
　　　　养老保障机制改革建议 ……………………… 180

参考文献 ………………………………………………… 213

附录 ……………………………………………………… 220
　问卷调查一 …………………………………………… 220
　问卷调查二 …………………………………………… 226

第一章

绪　论

第一节　选题背景

一、研究意义

第六次全国人口普查有关数据显示，我国 65 岁及以上老年人口达到 1.19 亿，占总人口数的 8.87%，占世界老龄人口总数的 20%，是世界上唯一一个老龄人口过亿的国家。联合国的统计标准是 65 岁及以上老年人口占总人口数的 7% 以上，那么这个国家就属于人口老龄化国家。按照这个标准，我国已进入老龄化社会，而且与城镇相比，无论是总的老年人口数还是按性别划分的老年人口数，农村老年人口数都大于对应的城镇老年人口数。表 1-1 列示了第六次人口普查时城乡人口老龄化现状对比状况。

表 1-1　第六次人口普查城乡人口老龄化现状对比

地区	年龄	人口数（万人）			占总人口比例			性别比
		合计	男	女	平均	男	女	
全国	65 岁及以上	11 883.316 4	6 092.359 5	5 790.956 9		51.27%	48.73%	
城镇	65 岁及以上	5 903.605 9	3 026.778 7	2 876.827 2	8.87	51.27%	48.73%	1.052∶1
农村	65 岁及以上	5 979.710 5	3 065.797 6	2 913.912 9		51.27%	48.73%	

注：数据来自 2010 年统计年鉴，2010 年统计年鉴中 65 岁以上没有分阶段。

曾经有研究预计"十三五"时期，我国超过 65 岁的居民数量将大幅度增加。2011 年，我国有近 2.2 亿人超过 65 岁的居民，平均每年增加0.1亿人；2015年，我国老龄人口在总人口中所占比重达到16%，在这4年间，老年人口每年的增长速度超过0.5%。当老年人口数量不断增加后，我国还将呈现出一些新的社会现象，如各家庭居民数量越来越少，孤寡老人家庭不断增多，这些现象的出现会阻碍经济社会的快速变革，使各类与社会保障有关的问题不断激化。在以后的近半个世纪中，我国面对的一个突出问题即老年人口数量持续攀升，老年居民的数量预计在21世纪中叶将达到4亿人，而目前我国约有60%的农村居民的养老问题仍然被排斥在社会保障体系之外。可见，我国的老龄事业发展任重道远。

  我国是非常独特的国家，是一个民族构成多元化的社会，多民族、多人口、多文化类型是我国民族结构的基本特征。在当今我国56个民族中，大约有38个少数民族世代居住在西部地区，西部居住的少数民族占到了全国少数民族总人口的3/4，且农村人口比例大。此外，西部少数民族地区自然环境恶劣，生态系统脆弱，自我更新的社会能力差，属于中国不发达地区，从社会经济发展的整体情况来看，其生产方式在很长时期内，主要停留在较低层次和较低水平的农牧业和原材料加工业上，不仅现代化产业水平低，而且产业分布极为不均衡，尤其是西部公共基础设施非常薄弱，长期制约着社会经济的快速发展。虽然改革开放以来，西部获得了一定的发展，但是由于重点和速度上的差异，东西部间的差距以及西部少数民族地区与汉族地区的差距不但没有缩小，反而不断加大了。尤其是以市场经济为特征的商业大潮对西部少数民族旧的思维方式、民族文化传统产生冲击，从而产生各种新矛盾、新问题。在建立和完善中国养老保障制度方面，西部农村少数民族中，家庭养老的传统观念仍然根深蒂固，这种传统不仅是一种社会观念，更有一种深刻的文化认同在里面，从中国少数民族社会的长远发展观角度看，这种家庭养老的传统观念短时间内不会发生变化。这就在一定程度上阻碍了新型农村养老保障事业在西部少数民族地区的顺利开展。再加上西部少数民族地区集中了中国绝大部分的贫困人口,老龄化程度现象十分严重,这使西部少数民族地区的养老保障问题的妥善解决,成为各级政府的一项较为艰难和紧迫的政治任务,直接影响社会主义新农村建设的进程。

2000年12月,中央政府正式颁布出台了《国务院关于实施西部大开发若干政策措施》的重要文件,吹响了西部大开发的号角,中国的经济建设战略重点开始向西部倾斜,目标是为了彻底改变西部相对滞后的社会发展状况,同时进一步加强中国的民族团结,以此为契机促进全国的社会经济发展。实施西部大开发战略以来,国家提出了一系列重点支持西部开发的政策措施,包括增加资金支持,改善投资环境,扩大对内对外开放,吸引人才,优先安排建设项目,扩大外商投资领域,理顺资源性产品价格,加大对贫困地区的支持力度,加强东部沿海与西部的经济技术合作等。目前,西部的经济建设、人民生活水平、生态环境保护等都取得了可喜可贺的成效。保障与改善民生是西部大开发战略的核心价值理念,充分体现了"以人为本"的精神。西部大开发不仅是为了发展西部的经济,更重要的是为了解决民生问题。占中国人口总数的大多数,特别是占西部少数民族人口大多数的农民的养老问题,伴随着老龄化的日益严重,成为民生问题中急需解决的重要问题。2014年,人力资源和社会保障部和财政部印发了《城乡养老保险制度衔接暂行办法》,这反映了国家对农村民生问题的重视,此项政策的实施也将惠及西部少数民族农村地区。

就我国当前的形势来说,在农村居住的老年人主要是通过土地收入维持生计,我国各地区的经济水平差距较大,在西部地区,土地流转制度是解决农民养老保障金不足的有效途径之一,流转土地的租金能够增加农民收入,解决部分农村老年人的养老问题,为建立新型农村社会养老保障制度奠定了良好的经济基础。建立、健全土地流转机制既能有效提高土地资源配置效率,也可以促进农村剩余劳动力逐步向第二、第三产业转移,拓宽城乡一体化路径。国家不断出台新的土地制度改革方案,对工业反哺农业及土地的保障作用具有深远的影响。2008年10月召开的中共十七届三中全会通过的《中共中央关于推进农村改革发展若干重大问题的决定》提出要赋予农民稳定并长久不变的土地承包权。2009年中央"一号文件"强调完善农村土地管理制度,实现产权明晰,对集体所有土地的所有权进一步界定清楚,做好集体土地所有权的确权登记颁证工作,将权属落实到法定行使所有权的集体组织,并保障其权益。2010年中央"一号文件"提出有序推进农村土地管理制度改革,建立保护补偿机制,力争用3年时间把集体土地所有权证确认到每个具有所有权的农民集体经济组织。2011年中央"一号文件"提出要加强农田水利等基础设施建设。2012年中央"一号文件"则在第五条中,对稳定和完善农村土地政策提出了全面的要求,要求"引导土地承包经营权流转""加快推进农村地籍调查""加快修改土地管理法"。2013年中央"一号文件"提出鼓励和支持承包土地向专业大户、家庭农场、农民合作社流转,探索建立严格的工商企业租赁农户承包耕地准入和监管制度,全面开展农村土地确权颁证工作。2013年11月召开的中共十八届三中全会通过的《中共中央关于全面深化改革若干重大问题的决定》中提出要赋予农民更多财产权利,农房农地能抵押担保。紧跟中共十八届三中全会精神,2014年的中央"一号文件"提出了深化农村土地制度改革,赋予农民对承包地承包经营权抵押、担保权能,慎重推进农宅财产权转让等。这一系列政策出台决定了土地流转制度是新一轮中国农村土地改革的轴心。

随着西部大开发战略和中央颁布出台的一系列有利政策措施的实施,西部地区农村经济实力显著增强,农业产业结构调整得到优化,农村土地流转逐步开展和活跃起来。在农村,传统养老保障方式主要依靠土地保障和家庭保障。目前,我国西部地区尤其是少数民族地区,农村少数民族居民还存在根深蒂固的土地保障观念,农业产业化水平低、土地分散且利用效率低下,这些制约因素导致西部少数民族地区的土地流转进程缓慢,农村社保体制与流转机制不能很好配套的局面。当前,如何促进西部地区少数民族土地流转制度与农村养老保险制度协调发展,如何推进城乡养老保险制度衔接在西部少数民族地区的顺利实施,是坚持工业反哺农业,把效益转化为社会保障福利的新举措。

在构建和谐社会的大背景下,合理地进行土地流转,可以改善农村居民的生活质量,可以让农民享受到社会改革的成果,也可以有效地推动各项改革的进行,同时也能让更多的老年人安享晚年。当前农村经济改革和遵循社会主义核心价值体系的热点和焦点问题是如何有效筹措农村居民养老金和进一步推动土地流转工作的开展,这需要相关制度的配套改革,是一个复杂的系统工程。

在当今世界,无论是在多民族国家内部,还是在国际政治生活中,民族问题都是一个普遍存在的社会政治问题,任何时候都不能小看它、轻视它,否则就会影响社会发展和稳定的大局。民族问题的实质是民族发展问题,民族关系问题的实质是民族平等问题,两者的核心价值是社会的公平。社会的公平意味着权利的平等、分配的合理、机会的均等、司法的公正,这正是社会主义的本质要求,是西部农村少数民族社会发展与社会和谐的第一原则。现阶段在西部农村少数民族地区建立养老保障制度,有着积极的政治、经济和社会意义,不仅能够全面推进少数民族地区的现代化进程,也有利于消除西部少数民族的贫富分化,实现社会分配公平,社会稳定。目前,西部农村少数民族的生产和生活风险不断增大,使传统的家庭保障和土地保障功能日益弱化,导致西部农村少数民族地区的养老、医疗和贫困问题十分突出。因此,建立科学有效的西部少数民族农村养老保障体系已经势在必行,可以使西部农村少数民族居民的生活不再有后顾之忧,每个人都老有所养,真正地在西部农村少数民族地区实现安居乐业,这样做不仅能够让西部少数民族地区的农民享受到国家的各项惠民政策,同时也能有效解决各类社会问题,促进民族团结和社会稳定,还可以促进西部农村少数民族社会经济的顺利发展,不断增进西部农村少数民族的福祉。总之,从民族文化的角度研究社会保障,通过对民族文化中生活方式、道德观念、宗教信仰、风俗习惯等因素的研究,可以大量挖掘民族文化中适应养老保障发展的积极因素,补充中国社会保障制度构建过程中的不足,构建与完善西部农村少数民族的社会保障体系。

本研究以西部少数民族地区为研究对象,从理论上系统研究土地流转制度下的农民养老保障问题。通过调查深入了解西部少数民族地区的土地流转现状以及农民的养老模式,指出现行土地流转制度和农民养老保障制度中的不足之处,提出一些可行性建议和意见,希望能够为改善西部地区居民的生活质量,推动当地的经济发展提供指导和借鉴。此外,各类合理化的建议有利于让西部地区的老年人安享晚年,使这些地区的民族问题得到合理解决,并为实现国家安定团结创造有利条件,且对农村养老保障制度的改革具有一定的指导意义。

二、国内外研究现状

(一) 国外研究现状

国外的农村养老保障问题是伴随着城镇养老保障问题进步得到解决的,其农民养老保障制度演进的路径,基本上是从工业延伸到农业、从城市扩大到乡村,而且往往有一个时间差,如日本城乡养老保障制度的时间差为30年,美国则为50年。

国外对农村养老保障的专门研究相对较少。哈尔·肯迪格等主编的《世界家庭养老探析》对不同文化和经济背景下养老保险及世界各国的家庭养老进行了探索,从跨国的角度和民族的角度考察了家庭养老、社会变革、家庭关系等问题,为比较研究国外家庭养老问题提供了素材。Johnson认为土地不足是涉农企业发展的瓶颈之一,提出为农村老年人提供稳定投资方式,即"企业+农户"的投资方式。简单来讲,该方式是农民和公司签订租赁合同,公司获得农民的土地,合同的期限通常是10年,每1年公司都要支付一定的租金,这些租金依照相关比例划分成不同的资金,一部分是养老金,另一部分是自由活动资金,它们都可以补充农民养老金的不足。尽管土地作价成为资本后可以参与投资活动,即农民成为股东获得一定的收入,但是通过经济学分析可知,收益往往和风险联系在一起,收益越多,风险越大,市场产品受到各种因素的影响,其风险很难被控制,一旦出现意外,参股农民的收益也会受到影响,这会影响养老金的正常发放。所以,客观来讲,要想让农民获得稳定的养老保障,不应采用土地作价入股模式。在第二次世界大战结束后,日本出现了一种特有的农业模式,日本农民通过组建家庭农场推动了本国农业的发展,不仅提高了农业生产率,同时还引进了新品种,改善了肥料的质量。世界银行曾经公布过一项报告:如果人均国内生产总值未达到500美元,农民从事的农业生产通常都是分散的,农业生产率并不高;如果人均国内生产总值超过1 000美元,说明农业生产的效率较高,土地可得到合理利用,此时农业生产者希望获得更多的土地,土地所有者为了获得收益也希望出租土地,基于生产者和所有者的共同意愿,土地可实现集中效应。通过该报告可知,当我国经济得到进一步发展后,农村土地流转将成为农业发展的一个主流趋势。

中国的养老保障问题不仅是我国学者研究的一个重要课题,而且是许多国外的研究人员也非常关心的问题,一些国外研究人员还对我国农民的养老保障问题进行了深入研究。Brunner(1996)指出我国用基金积累制代替原来的现收现付制后,我国一些人的福利待遇会受到不良影响,两种制度的转变无法达到预期目的。徐莉、Johnson(1999)指出在我国农村地区,老年人的生活保障来源于子女,然而随着我国人口政策和土地政策的实施,越来越多的老年人无法再依靠子女获得生活保障,要想让农村的老年人获得生活保障,必须要实施科学的养老保障制度。Anita 等(2002)在研究后指出因为居民的居住方式存在较大的差异,所以养老保障发挥的非正式支持效果也不同,如果老年人和自己的子女生活在一起,这种效果较明显,如果子女居住在老年人附近,养老保障发挥的非正式支持效果也很显著。Shi-Jiunn Shi(2006)指出我国实施的养老政策并不稳定,这类政策随着社会的发展不断地改变,因此我国尚未建立完善的养老保障体系,大部分农村老年人口只能依靠子女或土地收入来维持生活。费尔德斯坦等(2006)通过研究指出,目前我国在建立养老保障制度时可遵循几个原则,如定额缴费、定额给付等,这样才能让我国的老年人口充分享受养老保障政策,同时进一步扩大养老保障制度的覆盖范围,为建立全国性的养老保障制度提供依据。

德国专家鲁思来带领的项目小组对湖北省的黄陂区、山东省的招远市、云南省的武定县和牟定县这4个代表了富裕、中等和贫困的县区进行了典型调查,形成了《中国农村老年保障:从土改中的土地到全球化时代的养老金》的研究报告,报告认为中国很难从其他发展中国家或转轨国家那里学到什么经验,现行养老金试点项目是一个有限的设计,只适用于经济发展水平中等地区,报告建议在中国应该按照不同地区建立三种(富裕、中等和贫困)不同的养老金模式。

从国外研究情况来看,国外关于农村养老保障的专门研究很少,主要是由于国外不具有人多地少、地区经济差距大、少数民族众多等情况,也基本没有土地流转这一说法,因此国外关于少数民族地区土地流转制度下农民养老保障的理论研究几乎没有。

(二)国内研究现状

1. 关于土地流转的研究现状

我国农村土地流转始于20世纪80年代中期,由农民自发实行。1987年,中央在农村改革试验区里进行财产制度创新与土地制度完善方面的实验后,涌现了各种形式的土地流转模式,并逐步扩展到全国。由此越来越多的学者对我国土地流转内涵、土地流转问题、影响土地流转的因素等方面进行了研究。

盖国强认为,农村土地使用权流转,就是土地权利在保持集体土地所有权主体不变的前提下,在不同市场主体之间的交易与移转,并将土地调整、股份合作制、两田制、承包、转让、四荒拍卖等都归于土地流转之列。

陈锡文(2002)认为,我国农村土地流转存在的问题包括:部分乡政府在进行土地流转过程中把土地流转作为地方的"政绩工程",不是尊重农民的意愿,而是进行强制性土地流转;在当地农民不知情的情况下,强制性租赁农民的大片耕地,采取工商大户进入农业的形式,在土地租赁过程中,混淆承包权和经营权的关系。

钟太洋等(2005)从产权角度对农户土地流转意愿进行了分析,研究表明,农村土地收益权的完整性、土地产权的稳定性对农户流转意愿有不同程度的影响,地区的经济发展水平也是影响流转的因素之一。

金松青(2004)对农户参与土地租赁市场的因素进行了计量分析,最终得出农户参与土地租赁的意愿程度是和其受教育程度呈正比的,与其拥有的人均土地面积呈反比。

陈景华(2008)对土地流转的双方的成本进行了收益模型分析,认为制约农村土地流转的主要问题仍是土地产权不清晰、农村缺少足够的劳动力、农村社会化服务落后。

刘甲朋(2003)认为,中国农村家庭联产承包责任制造成了土地零散细碎化,农户经营规模小,实现土地的集约化经营和规模效益困难重重,对土地进行流转迫在眉睫。

钟涨宝等(2003)对湖北、浙江等地的230户农户进行调查研究发现实行家庭联产承包制后,在农地资源紧缺的状况下,部分农户更愿意放弃土地经营使用权而转向第二、第三产业发展,并获得了比农业生产更高的收益。

陈卫平(2006)认为,土地流转在国家、地方政府的直接推动下,农村大量富余劳动力流出农村,土地流转的规模逐渐扩大。

于振荣等(2007)认为,农村土地承包经营权流转与我国农地制度改革赋予农户稳定的经营权有关,也与农户的经济结构的变化、农地经营效益有关,地方政府的支持政策也起了重大作用。

张红宇、刘玫和王晖(2002)认为,推动土地使用权流转的动因,主要来自于农业内部积极因素和农业外部环境推动,同时也强调了地方政府以及社区对推动土地流转的积极作用。

谷树忠、王兴杰和鲁金萍等(2009)认为,农村土地流转的基本动因包括劳动力非农化现象、土地效率及收益的差异化发展、闲置土地的再利用、农民需求与目标的差异化发展、生产关系开始不适应生产力发展要求。

2. 关于我国农村养老保障模式和制度的研究

我国的养老保障制度始于1951年,起初的养老保障制度只是针对城镇人口,虽然从1986年就开始建立农村社会养老保险制度,但是至2009年8月为止我国的农村社会养老保险制度也没有真正建立起来。我国国务院在2009年制定了有关在农村地区建立养老保险试点的意见,确定从2009年起开展新型农村社会养老保险。由此,越来越多的学者对我国养老保障制度进行了大量的研究。这些研究概括起来主要包括以下几个方面的内容:

于学军(1995)对中国农村养老保障模式进行了系统的研究,认为中国养老保障模式依旧是以家庭养老为主,1949年以后,养老保障制度呈现明显的城乡二元性。

李新建等(2004)利用所获取的抽样调查数据,通过对我国中西部农村地区的养老观念、意愿和养老方式的研究,得出亲子关系的养老观念和养老方式仍然在中西部农村存在很大的市场的结论,并指出当前我国农村养老方式和养老资源极不平衡。

王树和(2006)、李宗华(2007)等对转型期中国养老保障模式和问题进行了探索性研究。王树和(2006)通过对农村养老保障制度的历史考察、结构分析和系统分析,重点研究了当代中国转型时期农村养老保障制度变革的动力和约束机制,提出了适合中国农村实际的养老保障制度模式和具体制度安排,以及农村养老保障制度变革的基本路径。李宗华(2007)通过对转型期中国养老保障模式面临的挑战和模式选择的影响因素的分析,提出了转型期中国农村养老保障模式构建的总体思路和对策:即立足于社会转型、全面构建和谐社会的宏伟目标,建立以家庭养老为主、以社会保险为目标导向、以最低生活保障制度和社区养老为补充的中国特色的农村社会养老保障制度。

冯瑞兰认为,中国社会保障制度的目标模式是高度社会化的、多层次的、全国统一的、法制化的现代社会保障制度。

王国军(2004)提出,农村传统的家庭养老体制面临的难题和农村社会养老保障模式的本质缺陷已经构成了制约经济发展的重要因素,当务之急是寻找新的出路,即跳出农村和城市两个独立的小圈子,建立"三维"社会保障制度,即全国法定的基本保障、省(市)级统筹的补充保障与商业性养老保障为主的附加保障。

3. 关于土地养老保障功能的研究

从理论上看,我国农村土地的产权制度的设计决定了它主要发挥的功能是保障功能,但在实践过程中这种"保障"功能受到各种原因的影响不断弱化,而农民对土地保障功能十分"依赖",两者之间产生了一个巨大的矛盾。

有关对征地补偿安置工作的反思,大致经历了方案初评、问题讨论、视野拓展三个阶段。其中:问题讨论主要围绕是否应该实行"土地换保障"、置换方式的选择以及利益关系如何协调三方面展开研究;随着研究的逐步深入,"土地换保障"的研究视野由失地农民拓展到农民工和耕地农民,已由"消极被动"的补偿安置行为向"积极主动"的制度探索延伸。

总体上，我国学者在研究农村社保问题时，多是以土地流转制度的实施为背景，随后站在各层面上展开分析和研究。赵海林(2005)通过对我国农村土地产权制度设计的分析指出，集体所有制受到家庭联产承包责任制的冲击，虽然农民拥有使用土地的权利，但这种权利只是暂时性的，最终农民的土地还是要归集体所有。但这种制度起着非常积极的作用，即农民获得土地后，利用这种生产资料可以获得一定的收益，这种收益表明土地可以发挥保障功能。

王秉春(2005)通过对我国农村社会保障制度的演变、问题以及当前面临的诸多挑战的分析，阐述了我国农村社会保障制度法治研究的意义，并在此基础上进一步论证了农村社会保障立法的原则以及如何构建我国农村社会保障基本法律制度，提出了建立"以土地换保障"的养老保险制度、建立"合作医疗"为主体的医疗保险制度和建立"职业培训"为重点的农村教育制度的设想。王祥军(2013)指出新时期土地流转、征收对新型社会养老保险法律制度的实施和完善产生重大影响，必须在农民土地权益实现的视角下观察、分析和完善新型农村养老保险法律制度。他认为新型农村社会养老保险既不能过度依赖土地的保障功能，又不能完全忽略土地本身的价值，必须通过机制创新使集体土地流转、土地征收和新农保最大限度地发挥出制度绩效。他们都是从健全、完善农村社会保障法律制度的角度来研究土地养老保障功能的。

在促进西部地区土地流转的制度创新设计方面，丁瑶等(2008)提出在确保耕地基本农田总量、粮食综合生产能力提升的前提下，通过推进土地制度创新试点工作，引入农用地发展权市场交易模式，探索提高新增建设用地平衡指标的方式，创新土地流转制度，增强西部地区土地流动性和利用的合理性。

韩芳(2008)和其他学者以辽宁、山东、河北等地的农民作为调查对象，在和这些地区的农民进行沟通和了解后，韩芳等得出的结论是:在这些地区,许多年龄较大的农民每年的纯收入在400元左右,有近1/5的老年人没有农业收入,这些老年人难以通过土地收入维持生计,只有1/3的老年人可以通过土地收入维持基本物质生活。通过这些数据可知,大部分农村地区的老年人无法通过土地资源获得收入,土地资源难以解决他们的生存难题,因此农民养老问题成为制约农村经济发展的一大阻碍。

刘佳和吴迪(2009)结合西部地区实际情况提出了由农民、政府机关、企业、农村集体四方为主体的"四维利益角色双平衡机制"的制度模型和多方参与的土地流转利益的风险补偿体系,以相关各方在利益分配中的公平合理,以及在角色划分上的平衡,促使土地流转政策更有效地在西部广泛实施。

4. 关于土地流转和养老保障关系的研究现状

土地作为一种重要的生产资料,对于推动我国农业的发展起着至关重要的作用,查阅大量文献资料可知,无论是西方学者,还是我国学者,都指出土地资源能够发挥重要的保障功能,该功能重点体现在养老保障功能方面。年轻力壮的农民可以出去打工,就是我们现在随处可见的农民工大军。年老的已经不能出去打工了,他们就靠种地维持基本的生计。因为我国尚未建立完善的社保体系,农村地区的老年人多是通过耕种田地获得生存必需品,或通过出售农产品来维持生计,土地收入成为老年人仅有的经济来源。自从20世纪80年代土地开始流转以来,土地流转问题与农民的养老保障问题就成为众多学者研究的领域和方向。

唐爱玲(2008)指出,为了切实解决农民的养老问题,政府一定要严格落实土地保障政策,在农村地区构建完善的养老保障体系。

付春红(2010)认为,土地流转制度的推行使农村社会养老保障制度面临着新的机遇和挑战,从制度需求以及经济供给两方面分析农村社会养老保障面临的机遇机制;农村社会养老保障制度以及土地流转制度这两个相辅相成的制度之间,建立一种替代机制,在农村地区构建养老保障体系,减少农民对土地保障功能的依赖,促使更多的农民愿意参与土地流转,发展农村经济,促进农村社会养老保障制度发展。

姜伟和张欢(2011)指出,要想推动农村经济的发展,不能缺少必要的土地资源,目前农村居民养老保障的重要来源是土地收入。随着经济发展,土地资源发挥的保障功能越来越弱,因为农民依靠土地获得的收入逐渐减少,老年人需要的养老费用不断增多。尽管土地养老功能在弱化,但在今后的一段时间仍然发挥着重要作用,可以通过发展农村经济、改变土地利用方式、完善土地流转制度等方式使土地进一步发挥养老保障功能。此外,还应建立、健全农村社保体系,让农村地区的老年人能够安享晚年。

董慧丽等学者提出了探索通过农村土地承包权流转来筹集农村养老保险资金的观点。

赵俊福认为,一直以来,在农村地区,土地资源发挥了许多功能,如为劳动力提供就业机会,让老年人获得养老保障等。大部分农民通过土地资源实现就业,维持生活、保障养老。与此同时,由于土地对农民的天然保障作用,其在维护社会稳定上也是功不可没的。土地不但存在重要的社会价值,也具有经济价值,潜藏着巨大的经济利益。也正是由于土地能够带来经济效益,土地才能进行流转。而且,土地流转必然会给土地的社会价值带来影响。

耿永志(2010)认为,建立和完善农村社会保障制度,必须要在建设过程中积极引入土地流转,该项工作对于在农村地区建立新农保有着重要意义。在建立社保体系时引入土地流转可通过几种方式进行,如利用土地财政、土地租金参与。一些农民的主要收入并不是土地收入,他们可通过土地流转获得更多收益,利用这些收益参与社保体系的建设。还有一些农民十分依赖土地收入,此时开展土地流转能够让善于耕种的农民获得更多土地资源,从而提高农业生产效率,让农民获得更多收益,这不仅能够推动农村经济的发展,也有利于社保制度的建设。

胡运令(2011)认为,在农村地区缺少完善的社保体系,农民的看病和养老问题长期得不到解决,在土地流转后,一些农民无法通过土地获得收入,他们在失去土地的同时也将面临失业和生活难题。农民没有土地耕种,农村劳动力大量剩余,极易引发各类问题,这会阻碍社会主义现代化的建设,也会影响城市化进程。越来越多的农民失去土地,人民和国家的矛盾不断激化,为了巩固社会主义成果,为了推动现代化建设,政府必须要制定完善的养老保障制度,让广大农民老有所养,老有所依。

岳成美(2007)指出,我国在建立社保体系时,必须要对农村居民的养老问题投入更多的关注,农民的养老问题对于维护社会安定团结有着重要意义。当农民失去土地后,各地方政府要为他们提供一定的保障,政府也是各项制度的建设主体,所以要想让农民获得养老保障,必须要督促政府履行好自己的职责,严格落实上级下达的指令和政策。

施乐(2012)认为,随着土地流转政策的逐渐推行,农民养老保障体系的建设遇到了许多难题,然而土地流转带来的积极意义也不容忽视,它进一步推动了养老保障制度的建设。当前我国政府面临的一个重要问题是如何结合我国现实情况,以我国农村地区的实际情况作为出发点,建立完善的农民养老制度,使农村的老年人安享晚年。

5. 基于制度文化角度的研究

毕天云(2003)博士从文化角度对社会福利问题进行了研究,并对经济发展程度基本相近的两个云南少数民族的福利文化进行了实证分析,认为建立和完善具有中国特色的养老保障制度,仅仅从经济角度研究养老保障是不够的,必须重视传统文化的作用。

杨复兴(2005)从制度文化角度对农村养老保障制度创新问题进行了研究,分别选取云南省剑川县下江尾村、个旧市他白村、石林县小东山村为田野调查对象,提出村落文化对构建农村养老保障模式具有重要影响。他强调政府的"有限"责任和个人的"无限"责任。

(三)国内外研究现状评述

综上所述,当前关于土地流转制度下的农民养老保障机制研究中,学术界多是从一般社会保障的角度出发,提出建立"过渡模式",即促进自我保障和家庭保障相结合,或者是提出以土地换社会保障,设计相应的保障制度。首先,在研究内容上,现有的土地养老保障研究大多从宏观政策层面定性论证,研究角度多从土地收益、土地产权、失地农民权益维护等方面考虑土地与农村养老之间的关系,定量分析与实证研究较少。与此同时,大多数学者强调土地流转制度的不完善带来农民社会保障的问题,但未能分析其问题产生的根源。尤其是土地对农村老人养老的贡献,在农村老人养老中究竟占多大的比重,如何既使土地发挥保障功能,又使农民的养老问题得到有效解决,这些问题目前仍未得到合理解决。其次,在研究视角和方法选择上,已有研究多从经济学视角分析,忽略了土地流转后农村群体的分化等变化,管理学、社会学、人口学等视角有待挖掘研究。最后,当前研究着眼于普遍性研究,缺乏典型个案研究。特别是如何将西部地区、少数民族地区与土地流转制度、养老保障机制相衔接方面的研究较少。

对于中国这样一个多民族的国家而言,在农村养老保障研究过程中如果缺乏民族文化的视角,既不利于中国农村社会养老保障研究的深入发展,也不利于养老保障体系的构建与完善,因为实践证明,民族文化是影响养老保障发展中深层次和隐蔽的因素。

鉴于此,本研究以西部边疆民族山区为研究对象,从理论方面系统地研究土地流转制度下的农民养老模式的建设,即建立何种土地流转制度以及建立怎样的养老保障制度。本研究对西部少数民族地区的经济发展以及农村养老模式的建设具有指导意义。

第二节 研究目标、研究思路、技术路线和研究方法

一、研究目标

本研究的目的是通过对西部少数民族地区土地流转现状和养老保障现状的调查、研究,探讨西部少数民族地区农地制度的改革方向,并对土地流转参与农村养老保障的模式进行探索性的研究,为相关领域的改革提供政策建议。

本研究通过对西部少数民族地区土地流转现状和养老保障现状的调查、研究,探讨西部少数民族地区如何制定科学、合理的农地制度,同时研究分析了在构建农村养老保障体制时如何实施土地流转,并为其他改革措施提供指导和建议。研究目标包括:

(1)回顾西部少数民族地区农地制度和农村养老保障制度的历史进程。

(2)分析西部少数民族地区土地流转和农村养老保障的现状和困境。

(3)考察西部少数民族地区农村养老保障的具体问题,对养老保障体系中土地资源发挥的作用进行分析,并对土地性收入与养老保障支付能力间的关系进行分析研究。

(4)构建符合西部少数民族地区特殊性的土地流转制度下的农村养老保障模式。

二、研究思路

本研究的研究思路如图1-1所示。

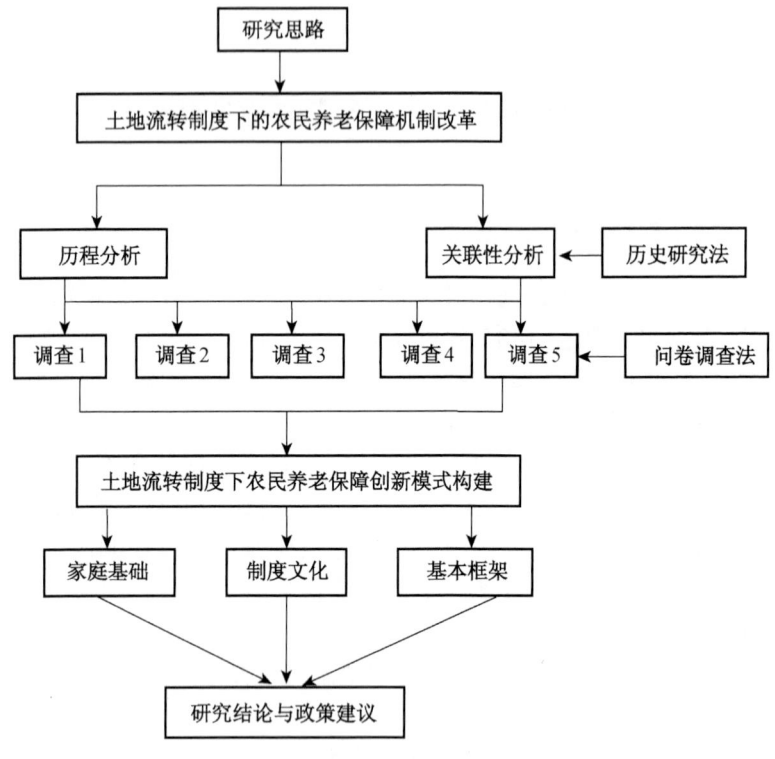

图 1-1　研究基本思路

三、技术路线

本研究的研究技术路线如图 1-2 所示。

四、研究的方式与方法

本研究将综合采用历史研究法、比较研究法、案例研究法、环比分析法、因子分析法和灰色关联度分析法等研究方法。采用多种资料收集方法和资料分析法对资料进行分析。

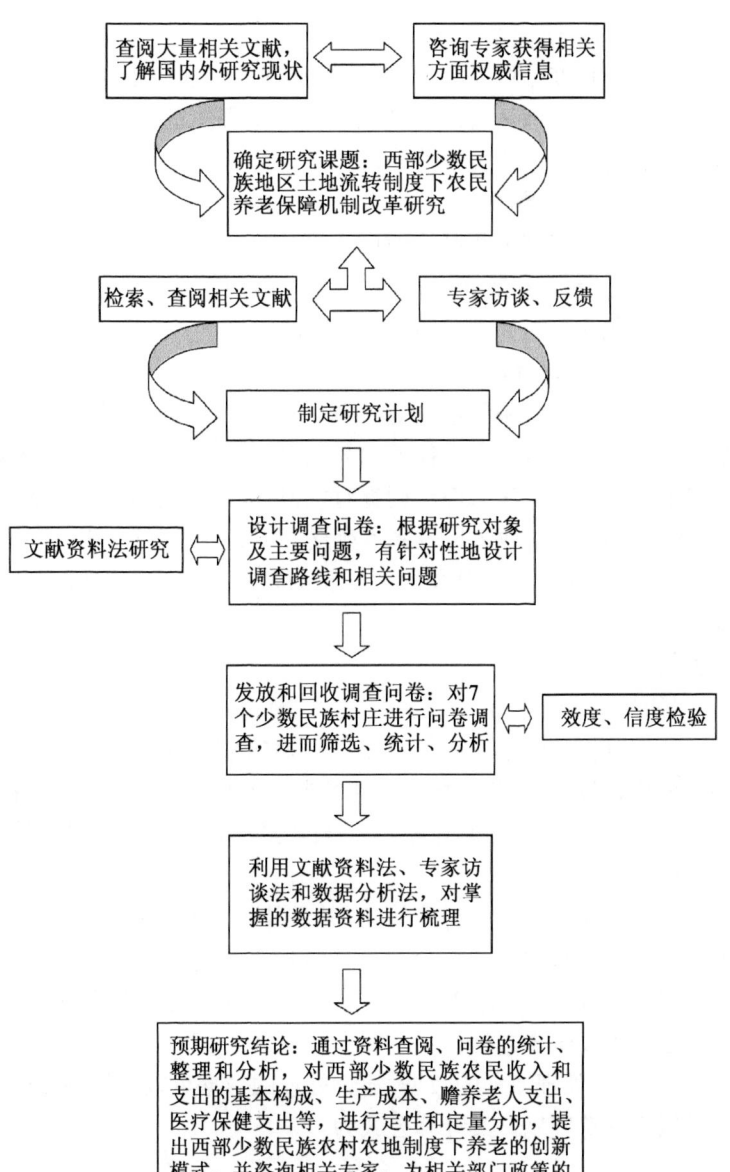

图 1-2 研究技术路线

(一)历史研究法

从历史角度分析问题,有助于把握问题实质。本研究通过回顾西部少数民族地区农地制度和农民养老保障的发展历程,并对两者的发展历程进行关联性分析。

(二)比较研究法

本研究对西部少数民族地区不同地域、不同经济发展程度地区进行对比分析,以利于全面、客观地分析西部少数民族地区的农村土地问题和养老保障问题及其之间的关系。

(三)案例研究法

本研究主要采用问卷调查和深入访谈相结合方式,选择了7个具有代表性的西部少数民族自然行政村,采用随机抽样调查和分布抽样调查的方法来确定调查对象,对样本家庭和家里有65岁以上老人的家庭的收入以及基本生活开支、医疗保健支出、赡养老人支出、生产成本费用以及其他开支的基本情况入户调研获取数据。家庭问卷则是通过深入农户一对一调查完成,获取完成研究相关的第一手资料。

(四)环比分析法

环比分析是将某一期的数据和上期的数据进行比较,计算趋势百分比,以观察每年的增减变化情况。例如,选定1月到4月为分析日期,则2月与1月比较,3月与2月比较,4月与3月比较。

(五)因子分析法

该方法能够使数据得到简化,并且能够实现降维的目的。它可以用一些没有关联的综合指标代替原来具有关联的指标,在组成新指标时,原来的信息可得到保留并且可进行降维多元统计。该方法的主要步骤包括:

第一步:处理原来的数据,通过处理的数据可减少量纲不同及数量级不同等问题。其计算公式为:

$$X'_{ij} = \frac{X_{ij} - X_j}{\sigma_j} \quad \sigma_j = \sqrt{\sum_{i=1}^{n}(x_{ij} - x_j)^2/(n-1)}$$

其中，$i=1,2,\cdots,n$；$j=1,2,\cdots,p$。n 为样本个数，p 为原始指标的个数。

第二步：通过计算得出与数据有关的系数矩阵，计算系数矩阵的特征向量和特值。

第三步：通过方差旋转法实现正交变换，该方法能够使因子载荷实现分化，旋转之后因子为正交。

第四步：因子数量确定后，计算它们的分数，通过统计进行分析。

（六）灰色关联度分析法

该方法在对各因素的关联程度进行判定时以序列曲线的形状作为依据，如果曲线较接近，说明关联较密切，如果曲线相分离，说明关联度较低。该方法较回归分析法、相关分析法有一个明显的特征，即它对数据的要求并不高，计算较简便，因此它的应用十分普遍。该方法的主要步骤包括：

第一步：比较序列和参考序列的确定。

第二步：对数据进行标准化处理。

第三步：序列关联系数的计算（通常情况下，该系数在0～1之间，一般取0.5），其计算公式为：

$$r_i(t)=\frac{\min\limits_{i}\min\limits_{t}|x_0(t)-x_i(t)|+\rho\max\limits_{i}\max\limits_{t}|x_0(t)-x_i(t)|}{|x_0(t)-x_i(t)|+\rho\max\limits_{i}\max\limits_{t}|x_0(t)-x_i(t)|}$$

第四步：求关联度，计算公式为：$\xi_i=\dfrac{1}{m}\sum\limits_{t=1}^{m}r_i(t)$。

第五步：得到关联排序。

（七）资料收集方法

文献法。通过对新中国成立以后西部少数民族地区农村老人土地和养老保障的历史发展情况的相关资料进行分析整理，得出对历史的纵向认识，并以此作为横向研究的背景。查阅相关学术文献，对已有的相关资料进行分析，使本研究能够充分吸收相关研究成果并有所创新和突破。在实地调研中,收集到的相关资料有选取的7个西部少数民族地区的各种农地政策及农民养老政策的实施规定、方案及其他有关地方文件。

问卷调查法。本研究的数据主要来源于统计年鉴和实地调研。调查3个省7个地区(云南省普洱市江城县、云南省大理州剑川县、云南省怒江贡山县、云南省红河州建水县、云南省昭通市鲁甸县、贵州省毕节市黔西县、四川省眉山市彭山县),以7个少数民族自然行政村的全体农户为总体,采用随机抽样的方法选取调查对象。问卷调查的具体做法是:问卷由调查者入户填写。调查对象为有65岁及以上老人的少数民族家庭,由户主和65岁及以上老人回答,户主不在由家庭其他成员回答,发出227份问卷,收回有效问卷226份,有效率为99.5%。

调查问卷的设计主要包括家庭收入及支出情况、家庭土地流转情况、老年人的生活需求、靠什么来养老、老年人的收入与支出情况、医疗保障情况、期待的养老方式等。

深度访谈法。运用深度访谈法对问卷调查的数据进行深层次分析,同时通过访谈弥补问卷调查的不足,深入了解影响农村老人生活的方方面面以及各个方面之间的关系。

(八) 资料分析方法

本研究主要运用实证分析和规范分析相结合的研究方法。

检验信度与效度。在制定好调查问卷后,请一些专家对问卷的信度和效度进行评定,同时按照专家建议再次修改问卷。随后进行调研,在调研后再进一步修改问卷。修改后的问卷更贴近研究主题,其效度也得到了提高。受某些因素的影响,本研究的调查并未进行反复测验,而是利用分半信度计算出可信度,得出的数值是0.843,说明问卷有着较高的可信度。

比较分析法。通过对7个村庄进行比较,探求农村土地对农民养老的支持程度及其影响因素。本研究在比较法的运用中,主要选择了地理位置和经济发展程度不同的村庄进行对比分析,重点研究土地对农民养老的贡献程度及农村地区的老年人有哪些需求,西部地区土地制度的变迁以及基于土地流转的农村养老保障的创新模式。

定量分析法。为了使研究更具科学性和说服力,本研究对收集的数据采用了定量分析的方法。

定性分析法。本研究对西部少数民族地区农地制度及农村养老保障的历史进程、现状及问题进行系统分析,找出与所选自然行政村目前养老问题有关联的各个要素,并提出解决这些问题的对策建议。

本研究力图把定量分析和定性分析两种方法结合起来,既有数据的统计,又有鲜活的访谈资料的补充,力图反映当前西部少数民族地区土地流转现状及农村养老保障现状及与之相关的问题,并据此提出西部少数民族地区土地流转的改革方向及土地参与农村养老保障的对策建议。

第三节 研究的主要内容、研究的创新与不足之处

一、研究的主要内容

本研究在实地农户调查、机构访谈以及对二手统计数据分析的基础上,以西部少数民族地区为研究对象,从理论上系统研究在实施土地流转后农村地区的养老保障情况。其内容有理论分析和政策建议两大技术指标,包括构建农地参与农民养老保障的理论框架和相关的政策建议。

(1)深入调查了解西部少数民族地区的农地制度和农民养老保障的发展现状,并进行理论分析,在此基础上,指出现行农地制度和农民养老保障制度中的不足之处。

(2)收集和整理西部少数民族地区土地流转制度下农民家庭

收入和支出的基本构成及每年基本生活开支在家庭收入中的比重;赡养老人支出在家庭收入中的比重;医疗保健支出在家庭收入中的比重;生产成本费用以及其他开支在家庭收入中的比重等,对西部少数民族地区土地流转制度下农民家庭赡养老人的支出进行环比分析。

(3) 通过定性和定量分析,提出一些建议和策略用来推动西部地区养老保障体系的建立,并提出在西部少数民族地区土地流转制度下农民养老保障制度应如何得到健全,希望能够为有关部门提供指导和借鉴。

具体内容细分如下:

(1) 西部少数民族地区农地制度和农民养老保障的发展历程。分析西部少数民族地区农地制度的变化以及养老保障政策的实施,同时分析两者之间的关系。

(2) 西部少数民族地区农村土地流转及农民养老保障现状分析。剖析西部少数民族地区农村土地流转和养老保障现状,其中,对西部少数民族地区土地流转状况的分析包括:不同地区农户土地流转情况的考察;不同收入水平农户土地流转状况的分析;土地流转的低水平现状分析;农业收入水平和非农收入水平对土地流转的影响分析等。对西部少数民族地区养老保障的分析主要包括:对调查农村老人的基本情况的分析;对西部少数民族地区农村老人收入和支出的分析;对农村老人的养老需求的分析等。此外,还对西部少数民族地区农村土地与农民养老保障之间的关系进行了分析。

(3) 西部少数民族地区农村土地流转制度下农村养老保障创新模式的构建。基于上述分析,结合当前的新型农村养老保险试点的建设,深入分析在养老保障体系的建设过程中土地流转发挥的积极作用,主要分析的内容包括在实施土地流转时应遵循的原则、采用的方式以及需要满足哪些条件,此外还分析各类农民采用何种方式参与养老保障工作。

(4)在上述研究的基础上,本研究提出了西部少数民族地区土地流转制度下农民养老保障机制改革的理论思考和政策建议。其中,对改革和完善西部少数民族地区土地流转制度的建议包括:推进国家土地管理制度改革;引入农用地发展权市场交易模式;探索多种方式提高新增建设用地平衡指标;推动土地流转制度的实施。在分析西部少数民族地区的农地制度和养老保障政策时,思考的问题主要集中在:家庭、互助组织保障制度的重要作用;农村金融深化、政府财政支持与农业生产力提高的配套发展对提高农民收入、解决农民养老保障问题的作用,通过土地流转加强土地对农民的养老保障的作用;非缴费型养老金保障机制在西部少数民族地区的作用等。对西部少数民族地区基于土地流转背景下的农民养老保障机制改革的建议主要包括:加强对农民养老保障的立法与监督;将农民养老保障列入政府的目标考核范围;进一步优化筹资机制,提高筹资水平和保障能力;积极推进新型农村社会养老保险制度建设;关注特殊群体养老保障问题;大力推行农村老人养老救助制度,加快发展养老服务体系的建设;发挥家庭养老的作用和强化农村养老非正式支持。

二、研究的创新

本研究的创新点包括:提出对农民家庭赡养老人的支出的结构进行对比分析,研究农村土地流转制度影响和制约农村家庭养老的各项数据指标特征等及各项指标之间的关系,预期将有益于农村养老保障体系的建立和完善;对相关管理机构和部门在政策的制定方面提供有益的参考。该领域以往的研究大多只针对个别地区和经济相对发达的中部地区,而本研究的研究对象是西部少数民族地区,从经济发展水平、自然地理条件、交通基础设施、农村人力资源素质、农村人均收入水平等多方面考察,其"欠发达"特征在我国西部地区都具有突出的代表性。农民人均纯收入和全国平均水平相比相差很大,农村土地流转制度和家庭赡养老人能力与实际需要差距也很大。农村家庭赡养老人的负担结构将会如何,中部地区与西部少数民族地区存在怎样的差异,农村土地流转制度影响赡养老人的各项指标具有怎样的数据特征等,正是本研究的创新之处。

三、研究的不足之处

本研究可能存在的不足之处包括:首先,问卷调查是通过深入农户一对一调查完成的,调研获取数据的可靠性可能受被调查者宗教信仰、民族习惯、文化背景等诸多因素的限制和影响;其次,涉及的文化以及生活中的一些具体问题,无法用定量的方法进行衡量,而用定性的方法衡量又很难有说服力。此外,不同民族的心理、习俗、思维方式和语言障碍以及不同学科之间的协作,也会对研究结果产生影响。

第四节 研究村庄的选取

中国西部少数民族地区包括西北、西南地区。其中,西北地区包括新疆、青海、甘肃、宁夏等地;西南地区包括贵州、西藏、云南、四川等地。本研究结合地理区位情况,考虑到选点的就近及调查成本,主要选取西南少数民族地区的 7 个少数民族集聚的自然行政村为调查研究对象,分别为:云南省普洱市江城县桥头村、云南省大理州剑川县金龙村、云南省怒江州贡山县茨开村、云南省红河州建水县冯家村、云南省昭通市鲁甸县新林村、贵州省毕节市黔西县安庆村、四川省眉山市彭山县观音镇梓桐村。

7 个村庄的基本情况如下。

1. 云南省普洱市江城县勐烈镇桥头村

桥头村地处云南省西南部,勐烈镇东部,距离县城 8 公里,海拔 1 100 米,土地面积 22.59 平方公里,耕地约 400 亩,人均 1 亩左右。该村土地流转情况:国家征地13亩,每亩38 752元/年;存在土地转包,每亩约1 000元/年。全村9个村民小组,共469户,总人口1 605人。村内民族结构以哈尼族、彝族为主,少数民族人口占总人口的80%。在社会经济方面,以蔬菜种植、水产养殖为主,全村蔬菜种植面积950亩,年产量448吨,鱼塘面积182亩,年产量54.6吨,养殖业方面生猪存栏1 010头,出栏530头,由于交通、水利条件较好,发展产业成本相对较低,广大群众脱贫致富信心充足。全村新型农村合作医疗参合1 271人,参合率约为80%。

2. 云南省大理白族自治州剑川县金花镇金龙村

金龙村隶属云南省剑川县金花镇,地处金花镇东边,距离县城0.5公里,交通方便。辖区9个村民小组,农户395户,总人口1 780人,其中65岁及以上老年人有594人。全村土地面积7.64平方公里,耕地1 511亩,人均耕地0.85亩,林地7 142.7亩,水面面积263.2亩,该村位于海拔2 200米的高原,适合种植水稻、烤烟、大麦等农作物。2010年,金龙村的村民共签订了近400份农业承包合同,有近1 200亩土地被承包出去,农村经济总收入750万元;2012年,该村签订农业承包合同1 957份,农村土地承包面积5 470亩,农村经济总收入1 513万元;2012年,农业承包合同签订数比2010年增加了3.95倍,土地承包面积比2010年增加了3.52倍,农村经济总收入比2010年增加了1.02倍。短短两年里,该村发生了翻天覆地的变化。在农村经济总收入中,种植业收入由2010年的377万元增加到2012年的509万元;畜牧业收入由2010年的33万元增加到2012年的61万元(2010年年内出栏肉猪150头,2012年年内出栏肉猪280头)。该村截至2012年年底,参加农村合作医疗的有1 488人,享受低保的有237人。村里还建起了标准卫生所,有3名乡村医生看诊,普通的感冒发烧等小病,村民一般就在村卫生所医治,如遇稍微严重点的病,村民们则大多到离村1.5公里的镇卫生院医治。村、镇级医疗卫生机构给农民带来了极大的方便,看病难的问题得到初步解决。

3. 云南省怒江州贡山县茨开镇茨开村

茨开村位于茨开镇东边,距离茨开村村委会2.00公里,距离茨开镇0.5公里。全村现农户50户,总人口为187人,有近100人为劳动力;其中有82人为男性,95人为女性。茨开村多是傈僳族和汉族居民,以傈僳族为主,傈僳族人口122人,占总人口的89.05%,汉族15人,仅占总人口的10.95%。该村现有近280亩耕地,平均每人拥有2亩多耕地,该村有近60亩田,近220亩地,农民多种植甘蔗;该村有200多亩林地,有100多亩经济林果地,每人拥有的果地不到0.8亩,村民多种植芒果;茨开村有近3亩水塘,有100多亩草地;还有800多亩其他土地。2009年,茨开村经济收入超过40万元,其中有10多万元属于种植业收入,在总收入中所占比重接近29%;有2万元属于畜牧业收入,在总收入中所占比重约为5%;有18万元属于二三产业收入,在总收入中所占比重接近43%;有1万元属于林业收入,在总收入中所占比重为2%;有1万元属于工资性收入,在总收入中所占比重为2%;还有8万多元属于其他收入。茨开村平均每人收入约为2 800元,种植业收入是农民的主要收入。至2009年年底,新型农村合作医疗保险的参合率达到100%,参合率高,但是全村还没有一人参加新型农村社会养老保险,社会养老保险的参合率为0。享受低保为68人。

4. 云南省红河州建水县临安镇冯家村

冯家村隶属于建水县临安镇,地处云南省南部,临安镇东边,距离县城10公里。该村现有农户1 138户,有乡村人口4 053人,其中:男性2 050人,女性2 003人;65岁以上老年人口265人。冯家村的居民主要是彝族和汉族,有近1 500人为汉族,占总人口的36.86%;彝族2 539人,占总人口的62.64%,其他民族20人,占总人口的0.5%。冯家村有4 300多亩耕地,有2 000多亩田,有2 300多亩地,平均每人拥有1亩多耕地,农民主要种植红薯和水稻。该村土地流转情况:国家征地300亩,每亩2.5万元;存在土地转包,每亩约1 000元。2010年全村经济收入接近2 500万元,有800多万元属于种植业收入,在总收入中所占比重超过40%;有近590万元属于畜牧业收入,在总收入中所占比重接近28%;有530多万元属于第二、第三产业收入,在总收入中所占比重接近25%;有近520多万元为其他收入。平均每人年收入接近3 300元,畜牧业和种植业是农民的主要收入。该村的主要产业为水蜜桃,并向其他地区销售,2010年,冯家村主产业收入超过620万元,在总收入中所占比重超过1/4。截至2010年年末,冯家村有4人参加了养老保险,所占比重为0.1%;有超过2 600人参加了新农合,参合率超过65%;全村有80多人成了低保对象。

5. 云南省昭通市鲁甸县乐红乡新林村

新林村隶属于云南省鲁甸县乐红乡,地处云南省东北部,乐红乡东北边,距离县城68公里。该村现有农户864户,乡村人口共3 820人,其中男性1 905人,女性1 915人。65岁以上的老人196人,其中男性108人,女性88人。该村是汉族、彝族和苗族的混居地,以汉族为主,其中:汉族3 448人,占总人口的90.26%;苗、彝族367人,占总人口的9.61%;其他民族5人。全村耕地面积3 105亩,全为旱地,人均耕地0.794亩,主要种植玉米等作物。该村土地流转情况:无国家征地;存在土地转包,每亩约200元。2010年,新林村收入超过770万元,有260多万元属于种植业收入,有210多万元属于畜牧业收入,有近80万元为林业收入,有55万元属于第二、第三产业收入,有超过160万元为工资性收入。平均每人年收入约为2 000元,种植业是农民的主要收入来源。截至2010年年底,全村参加新型农村合作医疗保险的有3 083人,参合率为80.71%,但是没有一人参加农村社会养老保险,农村社会养老保险的参合率为0。因为该村距离镇卫生院较远,有8公里的路程,所以村民的医疗主要依靠村卫生所。

6. 贵州省毕节市黔西县红林乡安庆村

安庆村位于红林彝族苗族乡东南面,属于典型的喀斯特地形,属季风气候,土地肥沃,森林资源丰富,交通便利。该村总面积为11平方公里,行政区面积为9平方公里,总户数506户,总人口2 097人,其中农业人口2 087人,非农业人口10人。全村10个村民组,居住有汉、彝、苗等民族。总耕地面积2 439亩,其中农田40亩,人均土地1.8亩。主要经济产业为种植业,土特产品有豆腐、马铃薯、核桃、烤烟。该村土地流转情况:无国家征地;存在土地转包,每亩约350元。

7. 四川省眉山市彭山县观音镇梓桐村

梓桐村地处四川省眉山市彭山县观音镇北大门,东与唐河村相邻,南与文昌村连界,西靠观音机场和文埝村,北与青龙镇相接。东西长约1.5公里,南北宽约1公里,辖区面积1.5平方公里。全村共有9个农业合作社,总人口2 962人,其中全村老年人数为600人,总耕地面积1 420亩,人均耕地0.48亩,土地收入为1 800元/亩。该村水系发达,东面有梓桐河,西面有眉洲河,中心有智堰筒大沟灌溉全村,自流灌溉,排灌方便。有机耕道一条连接各社,交通方便。水、路、电、气齐备,具备发展种养殖业和发展工业企业的独特优势。而且该地区气候温和,土壤肥沃,劳动力资源丰富,治安状况良好。

第二章

理 论 基 础

第一节 相关概念

分析我国西部少数民族地区土地流转制度下的农民养老保障机制,首先需对该问题涉及的基本范畴,如农村社会保障、农村养老保障、土地保障、家庭保障、农地制度、土地产权、土地经营权流转和农村土地的社会保障功能性等概念进行界定。本章重点分析中西学者论述的有关农地制度和养老保障的理论,相关理论的分析能够为后文关于我国土地流转制度下的农民养老保障机制改革的研究提供理论基础。

一、农村土地制度、土地产权及土地经营权流转

(一)农村土地制度

1. 概念界定

按用途将土地分为农用地、建设用地和未利用地。农用地是指只用于农业生产的土地。农村土地制度(简称农地制度)是以农村土地的开发、利用和管理为对象的复杂的制度体系。这项制度的主要组成部分是农地的产权制度(农地所有权制度和农地使用权制度)、农地的经营制度、农地的流转制度和农地的管理制度,其中农地的产权制度是农地制度的核心。

2. 农村土地制度的功能

首先,在现阶段对大多数农民来说农地制度发挥着社会保障

的功能。它保证了农地关系的当事人的决策权和经济利益得到实现,特别是决定了一国农民和其他人群能否生活有所保障,农村社会能否为国家提供可靠的粮食作物和经济作物等物质保障。其次,它具备激励功能,即可以对农业经济主体产生激励效应。激励功能是指调动人们热情和积极性的功能,通过农地制度能有效调动农地关系有关当事人的积极性,使他们具有从事某种经济活动的内在推动力。除了以上两个方面,农地制度的功能还包括经济发展功能和在一定条件下的社会管理和维持社会稳定职能。因此,对农地制度的分析和研究是了解中国农业发展的最关键环节。

(二)土地产权

1. 概念界定

土地产权是土地财产权利的简称,它的核心内容是土地所有权,土地产权涉及的内容有土地所有权及与其相联系的和相对独立的各种权利,如土地占有权、土地使用权、土地经营权等。作为土地所有制的法律表现的土地所有权,土地产权制度是土地保障功能实现的必要条件,土地保障功能通过土地产权来落实。土地产权是主体依法对土地所享有的所有权、占有权、收益权和处置权的总称,是一组权利的总和,各项权利可附着于一个主体上面,也可是分离的,且分别归不同主体享有。其中:土地占有权是指土地所有者或使用者依法对土地行使支配权与控制权;依照土地用途和性能利用土地的权利即土地使用权;通过土地产出获得收益的权利即土地收益权;拥有土地的居民依法处置自己的土地即土地处分权,包括赠送、继承、抵押等。土地所有权包括的这四项权利可以互相结合,也可以互相分离独立。在实行家庭承包责任制以后,我国农村土地的使用权归农村集体所有,而使用权归农户所有。

2. 农村集体土地产权制度

农村集体土地产权是指坚持集体土地所有权原则,以集体土地使用权为核心,其他权项为补充的一切关于农村集体土地财产的权利的总和,是由各种权利构成的集合权利,主要包括土地处分权、收益权、所有权和发展权等。

农村土地产权制度的核心,就是农村土地产权要素在农村土地所有者与农村土地使用者两大产权主体之间的界定与分享。农村土地所有者所拥有与运作的农村土地产权称为农村土地所有者产权,而农村土地使用者所拥有与运作的农村土地产权称为农村土地使用者产权。根据我国现行的法律、法规和规章,农村土地所有者产权与使用者产权的运用,除了"四荒地"所有权属于农村集体经济组织、使用权属于使用者之外,其他土地如农用地、农村建设用地等产权结构都很复杂。我国农村土地产权结构主要表现为农民集体土地所有权和农民土地承包经营权的双层结构。

(三) 土地经营权流转

土地流转是指土地使用权流转,一些土地的使用权掌握在农民手中,他们将这些土地转让给其他组织或农民,此时其他组织或个人获得了使用权,但土地承包权依然属于原来的农民。农村土地流转是指在不改变农用土地的性质和所有权时,将承包权和使用权相分离,其他组织和农民可获得使用权,即流转农地的使用权。在土地流转过程中,主体包括集体、承包户和接包方,流转形式有转让、转包、出租等。土地承包经营权是指农业经营者在法律规定和合同约定的范围内在集体所有或国家所有的由集体组织长期使用的土地上进行耕作、养殖或畜牧并获得收益的权利。在土地进行流转时,承包方掌握着经营权,承包方可按照规定选择经营权的流转方式;在经营权流转后,获得该权利的客体可以使用流转的土地,即掌握了使用权,但他们并未获得所有权。在土地流转时,必须要坚持一个原则,即集体拥有土地的所有权,各主体在落实职责时,实行"三权分离",遵循市场供求规律,体现交易主体在市场中的独立性和合法权益。

二、农地的社会保障功能性

就农民来讲,土地发挥的功能是多种多样的,包括直接经济收益功能、就业功能、生活保障功能、养老保障功能等。经济收益功能：土地带来的直接收入是农民最可靠的养老储蓄方式，收益来源于种植农作物的收成，土地收成按照现金换算为土地收入，将劳动收益和生产成本扣除后即为土地收益。同时，通过入股、转包、出租和农村旅游等形式拓展了土地的投资功能；生活保障功能：对于只从事农业生产的种养农民来说，其生活所需要的一切都来源于土地，土地为其提供了基本生活需要，以确保其满足自己生存与发展需要，是低层次的生活保障；土地发挥的养老保障功能表现为一些农民通过耕种土地获得收入，满足生活需要，如果农民无法耕种土地，将土地承包出去可获得租金，利用这些租金来维持生活所需。就业功能：对于农民来说，既是农业最基本的生产资料和生产要素，也是现代城镇社会保障在农村的替代物，土地能够提供基本生活保障、失业保障和养老保障，是农民的最后一道生活就业安全保障线，农民一旦失去土地，就失去了生活的全部保障。

现阶段，土地保障功能主要体现在两个方面：一是养老保障，农民拥有土地，通过自己耕种或子女耕种获得生活所需，老年人通过土地获得了养老保障；二是从事非农产业的农村劳动力的失业保障或未来的养老保障和退而务农的保障。因此，社会保障功能是土地的一项不可抹杀的社会功能。

三、农村社会保障和农村养老保障

（一）农村社会保障

农村社会保障主要是指以法律为依据，国家、社会群体、个人对暂时或永久丧失劳动能力或因各种原因生活发生困难的农户给予物质帮助的一种社会保障制度，主要包括农村社会救助、农村社会保险、农村社会福利、农村优抚安置等项目，目的是改善和提高农民的物质文化生活质量，其实质就是运用一切制度形式规避各种风险，为农村居民的生存和发展提供安定和谐的社会环境。目前，农村社会保障的核心内容是农村社会保险，主要包括农村社会养老保险制度和农村合作医疗制度。

总体上,我国现有的农村社会保障主要是自筹保障,此外还包括一部分集体保障和国家保障,通常是在社会救助中救灾救济、优抚安置和社会福利等方面提供保障,重点针对老年人、残疾人和儿童群体。但随着人口老龄化的加速和农村社会经济的全面发展,越来越多的人享受到了现代化建设新成果,为实现这一目的,必须在农村地区建立完善的社保制度。

(二)农村养老保障

1. 概念界定

要想建立完善的农村社保体系,必须要关注农民养老保障问题。该问题是指国家通过立法和行政措施让农民享受到养老保障,并通过建立各种制度来推进工作的进行。例如,养老保险制度、合作医疗制度、计划生育奖励扶助制度、"五保户"供养制度、社会救助和社会福利、优抚安置和社会互助、个人储蓄积累保障等多项内容。广义的农村养老保障既包括国家以各种形式提供或主办的保障项目,也包括企业、团体、家庭和个人提供的各类保障;狭义的农村养老保障仅包括国家或政府主办的农村社会养老保障项目。

2. 农村养老保障形成的基础

在漫长的中华古代农业文明中,形成了以"家庭养老"为主,"社会养老"为辅的养老模式。两者相互补充,构成了传统的保障网络,维持着整个社会的新陈代谢。这里主要分析家庭养老保障的思想基础、社会基础和经济基础。

思想基础:中国传统文化是一种尊老文化,其中的孝道思想为家庭养老提供了思想上的基础。"孝"作为中国传统文化中最基本的道德规范,也是养老文化的核心内容。在这种思想的影响下,子女及晚辈将赡养父母视作是理应承担的最基本的道德责任。这种以孝的理论为基础的赡养方式,常常是由整个家庭来直接承担的,而在将此视为社会的道德并得到整个社会和历史的认可之后,进而形成了一个社会道德的监督机制,对实施者加以约束。至今,中国的"孝"文化和"尊老养老"文化并没有消失,中国农村在相当长的时期内还需要家庭养老这种模式。

社会基础:中国传统家庭养老的社会基础主要表现在两个方面:一方面是对个人侍养父母的要求。古代十分重视对父母的奉养,分别提出了"奉养""敬爱""侍疾""安葬"等传统思想,体现在家庭养老上就是不仅要在物质上与精神上保障父母的需求,也要对有疾病的父母进行无微不至的关心照顾直至养老送终。另一方面是国家对养老思想的宣扬和采取的养老保障措施,如大兴尊老教育、兴建养老救济机构等。封建统治者在全社会广泛推行一系列尊老养老措施,对于尊老及敬老思想的宣扬所起到的作用是不可估量的。

经济基础:中国传统的农业生产是一种以家庭为单位的小农生产,一家一户的小农生产是整个社会的基本经济单位。家庭在整个社会中起着举足轻重的作用,它是生产实体、消费实体和赡养老人的基本单位。在自给自足的小农经济条件下,由于生产力的低水平,家庭生活只能维持一种简单再生产,在某些特殊情况下,如遇到战争灾荒的侵扰,这种简单的再生产难以维持,农民生活极其困难,根本不可能有所积蓄。因此,一旦步入老年时期,失去劳动能力,就只能依靠自己的子女,这也就是"养儿防老"的原因。这种反哺式养老也正适应了我国传统的家长统治观和"孝"文化的发展。

(三)农村养老保障的模式

根据经济来源,可以把农村养老模式划分为自我养老、家庭养老和社会养老,具体包括家庭养老、社区养老、土地保障、"五保户"制度、商业养老保险和农村社会养老保险,如表2-1所示。

当前,家庭保障和自我保障是农民养老的主要构成,该模式由土地保障、家庭保障和集体保障构成。其中:受中国传统文化的影响,家庭保障是农村养老保障的基本模式和具体承担者,土地是保

表 2-1　农村养老保障模式

养老方式	保障来源	发展趋势
家庭养老	家庭成员（配偶、子女及其他亲属等）	正在弱化
土地保障	土地收入	已经弱化
社区养老	政府和社区（提供养老金、设置敬老院）	只在少数经济发达地区试行
"五保户"制度	政府负担	各地区情况不同
商业养老保险	缴纳养老金	只在少数经济发达地区的富裕户中存在
农村社会养老保险	统筹基金和个人养老金账户	正在逐渐推行

障的主要物质来源，家庭是保障的具体承担方。

通过观察表2-1可知，无论是家庭养老，还是土地保障，它们发挥的保障功能都在弱化；社区养老作为一种新模式覆盖的范围较小；而"五保户"制度的实施必须依赖于政府；近年来商业养老保险虽然逐渐扩大了范围，但主要还是在少数经济发达地区的富裕户中存在；目前，农村养老保险制度成为构建养老保障体系的重要构成，保障来源由个人养老金账户和统筹基金构成。

四、土地保障和家庭保障

（一）土地保障

1. 概念界定

土地保障是指通过土地效用的发挥来保障农民基本生活的一种保障形式。广义的土地保障包括生存保障、教育保障、就业保障、养老保障以及通过其他形式获得的投资保障；就狭义范畴来讲，土地保障是指土地对于广大农民来说，是就业保障、生活福利和伤病养老保障的可靠手段，是"衣食之源，生存之本"。无论是广义上的土地保障功能，还是狭义上的土地保障功能，它们都是通过土地原有功能来实现的。土地资源本身具有多项功能，包括仓储功能（资源功能）、养育功能等，离开这些功能，土地的保障功能就无从实现。因此,土地本身所具有的这些功能,为土地保障功能的实现提供了可能,提供了充分条件。

2. 土地的养老保障功能

土地对农村老人的养老保障功能主要体现在两个方面,即土地的直接收益和土地作为交换资源的间接收益。直接收益是指土地作为生产资料,其产出能够给老人提供粮食等基本消费物品;间接收益是指老人在转让土地的使用权后可获得一定的租金。在转让使用权时,可采用三种形式:一是将土地转包给别人耕种,可以根据土地收益状况获得一定的转包费;二是将土地短期或长期租给别人作非农地使用;三是国家征地,给予征地补偿,通常补偿金高于土地转让的价格。前两种土地使用权的转让,如果农民需要,可以把农地的使用权收回来,国家征地方式则意味着农民将永久性失去被征用土地的使用权。农村家庭养老不能缺少土地资源,土地能够为家庭养老提供物质保障,在一段时期内,农村养老仍然是以土地保障为基础,土地依然充当农村养老保障的最后一道防线。

(二)家庭保障

家庭保障是指家庭为其成员提供养老生活保障的一种保障模式,是农村养老保障的主要模式。血缘和婚姻关系是构成家庭的不可缺少的重要条件,家庭是由父母、夫妻和子女构成的一个整体。生产方式会对家庭的构成产生一定的影响,家庭属于社会组织的一种,家庭成员之间也存在社会关系,家庭不仅具有社会职能,还要按照一定的规定存在下去。就本质来讲,家庭关系属于经济关系。无论是夫妻、子女,还是父母,彼此之间都存在各种责任,如赡养老人、抚养子女等。家庭保障不是一种利益机制,而是一种靠传统的家庭伦理道德来约束家庭成员的文化机制。在农村,家庭保障与土地保障紧密相连,家庭保障不仅受我国传统文化影响,还受到土地家庭承包经营形式的影响,从而以伦理为调节机制的家庭保障是当前中国农村的主要养老方式。但随着经济社会变迁和人口结构的变化,家庭保障功能也将逐渐减弱,土地养老保障、农村社会保险以及以房养老险等保障形式将为农村养老提供更加全面的保障,以降低年轻人所承担的赡养老年人的压力。

第二节 相关理论

一、土地流转相关理论

(一) 地租和地价理论

1690年后,Villian Petty进一步完善了地租理论,他曾经出版了名为《赋税与捐赠论》的著作,他在书中写道,地租是指通过土地资源获得的收入。他还指出因为土壤性质不同,加之受到耕种技术和其他因素的影响,土地的租金也存在差异,Villian Petty提出的观点成为级差地租理论的重要构成。

1700年后,亚当·斯密(Adam Smith)在其著作《国富论》中对地租理论进行了深入研究,亚当·斯密指出当土地私有制出现后,地租也随之出现,地租是资本主义社会里地主阶级的收入。他在《国富论》中写道:"土地使用方在使用土地后要向地主交纳地租,地租是通过工人劳动来实现的,它属于垄断价格。"

1800年后,大卫·李嘉图(David Ricardo)在其著作《政治经济学与赋税原理》中,集中阐述了地租理论。他运用劳动价值论研究地租,他的观点进一步丰富了级差地租理论,他指出土地的等级不同,其生产率也不同,因此不同土地的地租也会存在差异。但是他未弄清农产品价值和价格的差别以及土地所有权的垄断,因而他错误地否定了绝对地租的存在。

19世纪上半叶,继李嘉图之后的西方古典地租理论的重要代表人物德国农业经济学家屠能(J. Thunen)在其著作《孤立国》中,对李嘉图的差额地租理论进行了补充,他提出地理上交通位置的不同是产生级差地租的原因,即著名的"屠能圈"学说,而李嘉图则主要从土地的肥沃程度不同角度解释差额地租。

詹姆斯·安德森(James Anderson)是最早研究级差地租基本特征的经济学家,马克思称他为"现代地租理论的真正创始人"。他认为同一市场价格是形成地租的前提,土地肥沃程度的不同形成了级差地租Ⅰ,而努力程度的不同则形成了级差地租Ⅱ。

屠能的地租理论对地租与土地位置关系进行了研究,对级差地租理论的形成具有开拓性意义。他认为某一种产品的产地价格常与产地至消费中心市场间的距离密切相关,即:某种产品的产地价格=中心市场价格-产地至中心市场运费,这个运费实际上就是区位地租。

马克思主义经济学与西方经济学都源于亚当·斯密和李嘉图的古典经济学,所不同的是西方经济学假设人是经济人,而马克思假设人是社会人。马克思指出虽然地租的形式不同,但无论是哪种类型,它们都有相同之处,即土地所有权创造的经济效益是地租,换言之,拥有土地的一方通过土地所有权获得收益。简单来讲,土地产权人借助土地权获得了土地生产成果,将土地生产成果中的利润扣除后,得到的收入就是地租。就质来讲,如何使用土地和获得的地租不存在联系,地租是经济现象,当各类利益主体存在,土地产权进行流通时,地租就会随之出现。就量来讲,如何使用土地和地租的量有密切的关系,它们也会给土地置换带来影响,进而影响到社会发展。

地租是指土地所有者凭借土地所有权向土地使用者让渡使用权后获得的收益,就狭义范畴来讲,地租是指在利用土地后得到的超额报酬或收益。

地价是地租资本化的表现,是资本化的地租,是土地所有者向土地需求者让渡所有权时获得的一次性货币收入。通常情况下,地价是指土地价格,需要土地的一方为了获得土地要支付一些费用,这些费用就是地价。地价是拥有土地的一方在转让所有权后得到的收益,也是需求者获得所有权要支付的费用。就我国来讲,土地属于国家所有,所以拥有土地的一方可转让土地的使用权,从而获得收益,购买使用权的一方要支付租金,这部分租金也叫土地出让金。就本质而言,地价和出让金的性质不同,假如转让的使用权没有固定期限,那么出让金与地价是相等的,土地出让的时间越久,出让金和地价越相符,如果出让时间短,出让金就会远远低于地价。

这说明,两者既有区别,又有一定的联系。这主要是由于作为自然资源的土地在未得到利用时,不需要生产成本,也不会产生价值,而当人们通过土地获得地租时,地价也会随之产生。

土地是一种自然资源,土地的价格通过地租得以体现,相对于已经被使用的土地具有的价格来讲,土地在使用过程中产生了人类劳动,即土地的使用产生了成本,所以土地具有了价格和价值。这样对于"已利用土地"而言,存在两个层次的价格,这就是完整的土地价格。这说明,土地价格由几个部分构成,其一是土地作为资源具有的价格,其形式表现为出租土地产生的租金以及它原本的地价;其二是土地作为固定资产具有的价格,包括投资利息和折旧。要想准确地计量土地价格,将会面临诸多难题,然而对土地进行估价是土地流转不可缺少的环节,只有准确估价,才能合理调节土地供求,合理利用土地以及征收土地等,如果土地价格不确定,这些工作都无法进行下去。

通过分析地租与地价,可归纳出以下结论:第一,如果土地资源没有得到使用,它就不属于劳动产品,不具有价值,但它的使用价值不会消失。第二,土地得到使用后,它由两部分构成:其一是土地资本,其二是土地物质,因此得到使用的土地具有资本价值和资源价值。第三,就质的方面来讲,土地的价值、收益和地租存在一定的联系;就量的方面来讲,三者是相等的,对于拥有土地的一方而言,地租是通过土地获得的收益,对于使用土地的一方而言,地租是使用土地获得的纯收益,无论是土地价值,还是地租,都是通过土地来获得国民收入,两者实现的前提是转移土地产权。

通过上述分析可知,在西方国家,地租地价理论经历了漫长的发展阶段,主要是从论质到论量、从宏观到微观、从理论到实际操作的过程。尽管由于年代久远与现在的某些宏微观情况不相符合以及研究的历史局限性,西方地租地价理论存在着一些问题和不足,如对宏观经济环境考虑不够,特别是没有注意通货膨胀与企业利润率的影响;对市场的分析近乎苛求;对地租地价的描述不尽完善等。但这并不影响研究和应用上述理论,我国在改革土地制度,实施土地流转时,要想使各方利益实现均衡,一定要积极学习和借鉴上述理论。

(二)土地产权理论

与土地财产有关的各项权利之和称为土地产权。土地产权能够反映出土地经济关系,它是一种经济现象。产权并非是物和人的关系,因为有物存在,在使用这些物时,人们能够联系在一起,人们的行为关系就是产权。产权经济学理论指出产权是使用某种经济品的权利。换言之,产权是资产或物品拥有的众多权利中的一项,社会决定了产权主体,即哪一方可通过转移产权获得收益,哪一方可通过使用产权获得收益。

土地产权一般用"权利束"加以描述,它包括一系列各具特色的权利,这些权利可以是分散的,当它们聚合在一起时就代表一个"权利束",包括土地所有权、土地使用权、土地租赁权、土地抵押权、土地继承权、地役权等,其中土地所有权是核心,当人们拥有产权后,意味着他们拥有了财产的所有权。所有权属于权利束,该权利包括占有权、使用权、收益权、处分权等。占有权是指控制、支配财产的权利,所有权的行使必须以掌握占有权为前提,此外,要想行使处分权也必须要享有占有权;使用权是指利用财产的权利;收益权是指利用财产后获得收益的权利;处分权是指财产转让的权利,该权利包括赠送、出售等权能。在上面提到的这几项权利中,基本权能是处分权,它体现了产权的归属性。

农村土地产权问题是农村土地制度的核心问题。新中国成立后,我国农村土地产权制度经历了土地改革、专业合作化、人民公社、家庭联产承包责任制以及土地确权等前后半个多世纪的历史变迁,但即使到了现在,农村土地产权模糊状态还没有得到根本性的改变。国家所赋予的农民长期而有保障的土地使用权,也即物权性质的土地承包权或法律所规定的占有、使用、收益、处置、转让、抵押、继承等权利屡遭侵害,究其原因就是农村土地产权问题没有得到根本解决。近几年国家已经深刻地关注到了这个问题,在中央一号文件和中共十八届三中全会中都明确表明要赋予农民更多的土地权利,确保农民真正获得土地所带来的收益。

二、养老保障相关理论

(一)代际交换理论

代际交换理论指出人类之所以能够维持生存,不断发展,是因为人类能够从事生产活动。然而,人类生命具有有限性,要想实现生存,必须要繁育后代。就现实情况来讲,社会人口由几部分人口构成,包括老年人口、幼年人口以及具有劳动生产能力的人口。不同年龄角色的个人占有的资源不同,所提供的产品和服务也存在差异。人们无法通过自己的劳动获得各类需求,为了获得其他服务和产品必须要进行代际交换。其表现为人们在年幼时由父母抚养,成年后养育子女并赡养老人,在年老后接受后辈照顾。

社会学家齐美尔认为,有了交换,社会才会存在,才有了关系和社会交往。父母与子女之间,也存在交换,即抚育和养老之间的交换。但这种交换是经济上不能等值的关系,亲情是纽带。但是,像所有的交换一样,公共规则在代际交换中起着重要作用。霍曼斯指出人和人在互动时能够完成交换活动,人们希望在交换中获得的报酬与付出的代价呈比例,这是普遍的规则。经济学家萨缪尔森提出"生物利率理论",他对代际经济交换进行了深入研究,他指出人们在年老时获得的养老保障货币属于契约。人类具有社会属性,其表现包括彼此间的合作、互动以及代际交换。

我国家庭养老正在从生育伦理型向利益交换型转变。作为土地的集体所有者之一的农民,有权利要求从本集体分得一份公平的土地,这种权利的获得,是从祖上继承来的。农民如果到另外一个集体去承包土地,必须以该集体存在可转让的土地为条件,而且该农民必须有偿支付经营费用;如果要进一步获得可以继承的所有权,其成本是非常高的。

因此,当农民因撂荒等原因而赔偿的损失低于重新获得土地所需成本时,他就会愿意缴纳罚金而拥有土地。可见,农村家庭养老模式的基础是老人把土地作为代际交换的重要资源获得子女的养老支持。

(二) 社会公平理论

社会公平理论也被称为是社会比较理论,20 世纪 60 年代,John Stacey Adams 提出了该理论,它属于激励理论,主要是对人的知觉和动机之间的关系进行研究。该理论指出员工会将自己的收入所得和参照对象的收入所得进行比较从而获得一种主观感受,这种公平感觉决定了他们受到的激励程度。

按照公平理论来讲,员工工作是否积极受到许多因素的影响,包括自己获得多少薪酬以及薪酬的分配公平与否等。员工经常会比较自己的付出与所得,还会比较自己的薪酬和他人的薪酬存在哪些差距,以此来判断这种分配是否公平。如果员工认为分配公平,他们就会保持积极性,努力工作,如果员工感觉不公平,他们的积极性就会受挫。公平理论主要研究员工薪酬分配是否合理,员工是否感到公平以及薪酬分配给员工工作积极性带来哪些影响。

目前,西方国家的公平理论认为,公平是一个包含起点公平、机会公平、过程公平与结果公平 4 个环节的循环过程。社会保障与社会公平的相关性表现为:公平是社会保障的核心理念。社会保障制度源于对公平的诉求;社会保障制度的设计体现公平原则,其自身的公平性确保机会公平并维护过程公平;社会保障制度具有公平功能,即通过弥补起点不公平和缩小结果不公平来增进整个社会的公平程度。

(三)和谐共享理论

和谐共享理论研究的问题是怎样在不同的子系统中实现和谐,从而实现整体和谐共享。和谐管理是指组织为实现其目标,在不断发展变化的环境中,以和谐作为主题,采用一系列措施和方法解决各类问题的活动。和谐主题是指在某种环境中,人和物通过互动建立的核心组织问题。

就社会学来讲,要想让社会实现发展,一定要提高人们的道德修养和文化水平,还要让人类获得良好的生存环境,只有为人类营造一个美好的生活家园,才能帮助他们提供道德素养。所以,要想让广大农民的权益得到保障,必须要遵循和谐共享理论的要求。近年来,我国正在努力构建社会主义和谐社会,其目的正是为了让全民共享利益,这是社会主义现代化建设的前提,只有坚持这一要求才能让农民权益得到保障。目前,我国存在诸多结构,如社会结构、城乡结构等,这些结构激化了地区间的矛盾和冲突,影响了社会的和谐发展,使农民的合法权益失去了基本保障,他们无法享受到社会主义现代化成果。因此必须坚持和谐共享理念,摆脱城乡结构的束缚,这样才能让农民的权益得到保障,让他们一同享受现代化成果,让各项政策惠及他们。具体表现为农民享受的权益和城市居民一样,如受教育的权益、就业权益、社保权益等,当农民的权益得到保障时,城市和农村的利益分配就会趋向平衡,这正是和谐共享所要实现的目的。因此说,农民权益的实现必须以和谐共享理念作为基本要求。

(四)家庭养老理论

差序格局理论。一些学者进行了深入研究,他们指出养育格局是农村居民人际关系中的一个主要模式。这样的理论同样适用于养老关系,老人自己是圆心,向外分别是配偶、子女、亲戚、邻里等,和圆心越近关系越密切,道德感和责任感越重。

寄托论。该理论并不是单一的观点，而是集合了几种观点后的概括称呼。该理论涉及的内容有：有学者提出的生命寄托论。他们指出父母从子女身上获得的情感支持不同，他们的满意度也不同，如果获得的情感支持较多，他们就会对生活感到满意；反之，就会不满意。居民在年老时，他们的精神状态受到许多因素的影响，如是否和子女居住在一起，如果老人和子女居住在一起，他们的精神状态较好；反之，他们的精神状态较差。一些研究报告指出老年人的心理感受和精神状态还受到一个重要因素的影响，即他们是否还能帮助子女，能够帮助子女的老年人的精神状态和心理状态要好于不能再给子女帮助的老年人。

过分依赖论。一些学者对日本家庭中的某些现象进行了研究，在研究后提出了该理论。在日本，如果父母非常纵容自己的孩子，子女很容易变得自私而自负。当这些父母年老时，他们希望获得子女的照料，但被纵容的子女长大后反而不愿意赡养父母，此时就会产生巨大的冲突和矛盾。东方国家和西方国家有着不同的文化，东方人十分含蓄，往往会采用间接的方式处理问题，西方人则喜欢公开化，他们会采用直接方式处理问题。因此在日本，越是依赖父母的子女，反馈父母的可能性越小。

责任内化论。这种理论认为，中国子女在赡养父母方面有着较强的责任感。在过去，儒家提倡的"忠孝仁义"一直是各朝各代的主流思想，中国人长期受到孝文化的影响和熏陶，大部分子女都有赡养父母的意识和观念，这是中华民族的优良传统。"孝道"一直是中国家庭构成和延续的基本保障。我国在构建社会主义和谐社会时也十分重视敬老爱老活动。

第三章

国内外可资借鉴的经验

我国在未富先老的情况下提前进入老龄化社会,而西部少数民族地区表现得尤为明显。为了构建西部少数民族地区土地流转背景下的农村养老保障创新模式,在立足于西部少数民族农村经济、制度、文化条件的基础上,充分借鉴和参考国内外经验。

第一节 国内外土地流转制度的经验启示

一、英国圈地运动给我国实施土地流转带来的经验

1. 我国农村经济的发展要以土地流转作为出发点

英国在实施圈地运动和农业革命后,使许多面积狭小而又分散的土地集中到了一起,通过规模化的种植和生产,英国农业实现了快速发展,这说明无论是产业结构的升级,还是经济的健康发展,都要依赖于集中的土地来实现。我国的家庭联产承包责任制不仅没有改变集体所有制的性质,还调动了农民的积极性,并分离了土地的经营权和所有权,使我国农业实现了跨越式的发展。然而,在这种制度下,土地被分割成块,分散的土地无法实现规模化经营,农业生产一直无法提高效率,许多劳动力无法从土地上解放出来,使我国的现代化建设面临着诸多阻碍。要想推动现代农业的健康发展,必须要对家庭联产承包制进行变革,在实施土地流转之后,可将分散的土地集中起来,实现规模化经营。

2. 我国的土地流转要走出一条特色创新之路

圈地运动告诉我们土地流转是目前我国农业经济发展和产业结构调整的必然选择,然而,我国和英国的国情不同、社会制度不同、区位状况不同,因此我国不能简单地效仿英国的圈地运动,我国的土地流转要走出一条特色创新之路。

具体来讲,主要有以下两点:

(1) 土地流转的前提,即土地的承包关系必须稳定。土地使用权的流转依赖于土地承包期的稳定。目前我国的土地承包期是30年,该期间内的土地承包关系必须稳定。

(2) 土地流转制度的实施要使农民的各项权益得到保障。一是要制定科学、合理的制度,妥善解决土地承包者和集体组织之间的问题。某一地区的农地是否要进行流转,可通过召开村委会会议或村民大会来决定,要与农民进行沟通,如果大部分农民愿意参与土地流转,可与这些农民办理交易手续,此时村集体不再是交易主体。二是无论是城镇居民想要租赁土地,还是各类单位想要承包土地,都要严格规范他们的责任和义务。近年来,我国城镇化步伐不断加快,农村产业也实现了快速发展,许多农民从土地中解放出来,为了推动农业的规模化经营,应该将他们的土地转包给其他种地的农民,这能有效地增加农民的农业收入。除此之外,也可以制定各项政策和制度,引导企业、公司开发荒地,可采用新型农业生产方式,如订单式农业生产等,推动农业实现产业化发展。一般情况下,不应鼓励公司将大部分农民的土地承包后直接进行生产经营。

二、日本的农地流转制度对我国的启示

1. 政府发挥的作用

通过分析日本实施的土地转移制度可知:①政府在农地流转过程中发挥着重要作用,政府可采用立法措施、行政措施等,在坚持家庭承包制的原则下,科学地调整相关的政策制度,为农地流转

创造一个良好的政策环境。近年来,我国制定并实施了《土地管理法》和其他法规。这些法规发挥了一些积极的作用,但我国尚未针对土地流转制定专业权威的法律;无论是各方的利益分配,还是市场准入标准等内容都没有在相关法律中得到具体体现。②为了顺利实现土地流转,政府还应该为其提供市场条件。这说明,在实施土地流转时,政府必须要履行好自己的职能,既要制定各项制度、政策,推动土地流转的实行,又要防止出现过分干预土地流转的行为。③土地流转制度的推行和实施不能缺少必要的财政支持,政府应该在这方面发挥积极的作用。农民在参与土地流转时,会遇到一些风险,农民长期依靠土地获得生存保障,一旦失去土地,有些农民很可能陷入困境,此时政府可为这些农民提供补助,既保障农民的正常生活,也能推动土地流转的实施。

2. 农业合作组织的市场中介作用

日本在发展农业时,建立了农业合作组织,在实施土地流转时,该组织扮演着中介角色。该组织发挥的重要作用是不容忽视的,它们推动了土地的快速流转,同时也让农业获得了稳定的保障。需要强调的是这类组织的健康运营离不开国家的立法支持。

3. 农民素质的改善

通过分析日本的农地流转情况可知,要想顺利实施土地流转,必须提高农民素质。农民是参与这项活动的主体,农民有着较高水平的素质,可以使自己的权益得到保障,农民愿意成为合作组织的成员,借助组织来维护自己的权益。我国农民应该学习这一点,要想改善农民素质,政府应发挥教育和引导作用,同时农村合作组织也可发挥教育作用。

三、台湾农村休闲农业的启示

台湾农村休闲农业是小生产和国际大生产相结合的产物,台湾休闲农业利用田园景观,自然生态及环境资源,结合农林渔牧生产,通过农村文化及农家生活为人们提供休闲。以增进人们对农业及农村体验为目的的一种具有多种功能的农业发展模式。由于具有经济、游憩、教育、环保、文化、社会、健康、城乡交流等多功能于一体的休闲农业在很多发达国家已经得到长足的发展，呈现出一片繁荣景象。近年来，休闲农业在我国其他地方也获得了快速发展，在"十一五"规划中提出：发展休闲观光农业的政策得到了各地政府的重视并且推动成为农业产业链新的增长点。台湾是我国最先发展休闲农业的地区，在20世纪60年代，台湾农业生产进入衰退期，出现了徘徊停滞状态并面临着农业生产规模狭小，农民收入偏低，农业生态环境恶化，外国农产品倾销等诸多问题，为了使农业走出困境，提高农民收入，加快推进农业的产业升级转型以加强农村地区的土地流转，以体验为主要特征的休闲农业在台湾地区逐步兴起。目前已具相当规模并且成为蓬勃发展的热门产业。台湾农村休闲农业取得了良好的社会、经济和生态效益。台湾农村休闲农业推进家庭经营、集体经营、合作经营、企业经营共同发展的农业经营方式创新，新型的农业经营主体具有旺盛的生命力，同时加强了农村地区土地流转，从而带动农村地区的繁荣发展。海峡两岸发展休闲观光农业具有近似的资源特性、社会背景，因此台湾休闲农业成功的经验对我国其他地方农村土地流转有很大借鉴作用。

第二节 国内典型地区农村养老的实践与创新

新时期，我国的老龄化趋势不断加重，而政府却还未出台相应的政策，为解决这一问题，全国各地开始依据1992年民政部颁布的《县级农村社会养老保险基本方案》，结合各地区的经济发展情况努力探索新的农村养老保障模式。总的来说，改革的方式以社会养老保险模式为主，但从资金筹集、管理和发放形式上来讲都属于一种新型的社会养老保险模式（主要是为了区别我国民政部推行的《县级农村社会养老保险》制度)。

一、上海市农村社会养老保障制度

目前上海市政府正在试行《上海市新型农村社会养老保险办法》,该办法制定于2011年,主要是为了响应国务院发布的《关于建立新型农村社会养老保险试点的指导意见》,推动城市和乡镇居民的社保制度的建立,使老年人获得养老保障。

新型农村社会养老保险(简称新农保)特点具体表现在以下几个方面:

(1) 扩大了参保对象范围。原制度规定只要是本地户口的农业各类人员即可参加上海市的农村社会养老保险,新实施意见指出,凡是16周岁以上的在上海居住的农村居民,除在校生外,如果没有缴纳过城镇社保和养老保险都可以参与新农保。

(2) 统筹账户和个人账户相统一。为了能够和城镇职工养老保障制度有效衔接在一起,上海市农村社会养老保险制度实行与城镇基本养老保险制度一致的账户模式,即个人账户与统筹账户相结合模式。

(3) 调整缴费标准和办法。上海市新农保实行按年缴费的政策,缴费标准设为5个档次,最低1年500元,最高1年1300元,每一档差额是200元,自愿参加新农保的居民可结合实际情况选择具体的档次。同时新农保政策中包含很多优惠扶持措施,比如对农村重度残疾人,区县财政和残疾人就业保障金应按照每年900元的标准为其代缴部分或全部养老保险费;上海市各区县政府(含乡镇)对参保人缴费给予补贴。与5个缴费标准相对应的缴费补贴标准为每年200元、250元、300元、350元、400元。此外,如果村集体有能力也可为参保人提供一些补助,具体标准可通过召开村民会议决定。政府也制定了一些优惠政策,提倡公益组织、经济组织等为参保人提供补助。新农保参保人年满60周岁时,可逐月领到养老金,领到的金额是参保人账户所有存款除以139。如果参保人去世,他的继承人可继承他账户中的剩余资金(政府补贴资金除外)。

二、江苏、山东等省农村社会养老保险制度

为加快建立、完善覆盖城乡的社会保障体系,山东和江苏等省按照国务院制定的相关意见,结合本地区实际,积极推进新农保的试点工作。从两省新型农保的实施办法得知,新农保遵循的一个原则是保障水平要符合当地的实际情况;此外还要努力推行筹集机制,即政府、集体、个人共同筹集资金;要做到义务与权利相匹配,切实做到公平;在实施新农保时,要听取农民的意见,要引导他们自愿参与新农保,逐渐提高参保率。

在资金账户设置方面,每位参保人都享有政府为之建立的终身记录的个人账户。各种来源的养老基金及社会各经济组织、政府的资助和补贴全部记入个人账户,并对其中的存储额按照1年定期存款利率计息。江苏、山东新农保实施办法中规定基础养老金的标准为每人每月最低60元,地方政府享有因地制宜,适时提高保障资金的权力,但要由政府负担提高部分的资金。参保人的养老金月计发标准为个人账户中的全部储存额除以139。在参保人死亡后,继承人可领取到账户中扣除政府补贴的剩余金额,政府补贴的部分会划入其他参保人的账户中,为其他人支付养老金。只要是户籍在本省的农民,年龄达到60周岁,没有办理过职工养老保险的,如果参保人达到各项条件的要求,都可按月领取养老金。

同时,政府加快构建专门的财务会计制度,为新农保提供条件。在社保基金财政账户中纳入新农保,县级部门管理账户,收支分开管理,严格按照会计规定核算、记账,确保资金的保值、增值,在条件成熟时实行升级管理。

三、陕西省积极推行新型农村社会养老保险制度

陕西省积极推进以个人缴费、集体补助、政府补贴的方式相结合和以个人账户为主、保障水平适度、缴费方式灵活、适合农民实际特点的农村社会养老保险制度。新农保试点的基本原则是"保基本、广覆盖、有弹性、可持续",只要是达到16周岁的农村居民,除在校生以外,未缴纳职工养老保险的,可在户籍地办理新农保。

个人缴纳的费用是新农保基金的重要构成,当农民自愿加入新农保后,要按照相关规定缴纳费用。缴纳的费用共有5档,最低档为100元,最高档为500元,各档差额为100元,参保农民可以结合自己的实际情况缴费。当农民的收入发生改变时,国家会结合实际情况对各档次进行调整。此外,如果村集体有能力,可为参保人提供一部分补助,可通过召开村民会议决定补助标准。同时国家也可制定一些优惠政策引导公益组织、经济组织和其他组织为参保人提供一些补助。如果参保人在国家试点范围内,每个月可领取到国家财政支付的养老金。如果参保人不属于国家试点范围,但属于省级试点范围的,每月可领取规定的养老金,各市、县财政部门支付基础养老金。

陕西省养老保险实施意见中还存在一些特殊规定。比如,如果参保的农民属于国家试点范围或省级试点范围,为了使他们获得充足的保障,可结合实际情况增加档次,如果参保农民在70～79岁,每月可多领到10元养老金,如果参保农民超过80岁,每月可多领到20元养老金,市级和县级财政为这部分养老金的发放提供支持。相关部门结合实际情况决定是否落实这一政策。如果参保人属于国家试点范围或省级试点范围,参保人可享受到一部分补助,每年一人可获得30元补助,省级和市、县级财政各承担一半;如果参保农民每年缴纳300元,可额外获得10元的补贴,如果参保农民每年缴纳400元,可额外获得15元的补助,如果参保农民每年缴纳500元,可额外获得20元补助,增加的补助由省级和市县级财政各承担一半。有关残疾人的补贴情况。结合试点推进情况,在新农保中纳入残疾人,让他们获得养老保障。如果是重度残疾人,省财政负责为其缴纳所有的费用;如果是轻度残疾人或中度残疾人,市、县财政负责为其提供补助,按照相关部门制定的补贴标准给予补贴。

四、国内典型地区农民养老保障制度对我国西部少数民族地区养老的借鉴意义

由于经济发展水平相对落后而带来的社会问题在西部少数民族地区比较显著,表现在社会保障方面主要有人口老龄化已经超过全国平均水平,农民养老保障制度实施较晚,国家统一的农民养老保障制度推行比较困难,养老保障模式也主要是以家庭养老为主,方式单一,保障水平低。因此,构建合理、公平的养老保障制度和模式将对西部少数民族地区社会事业发展起重大作用。

（一）推行农村社会养老保障模式是农村养老保障模式的改革趋势

总结国内外典型地区的养老机制,大多数农村地区均采用社会养老保险保障的模式,这是农村社会保障制度的一个重要方面,也是各地为农村居民举办的一项社会保险制度。在缓解农村老龄化压力、保障广大农民的生活质量、提高农村老年人生活幸福方面,覆盖全民统一的农村养老保障模式发挥了重要作用。

（二）继续坚持传统的家庭养老保障模式

随着经济的发展,家庭养老面临着重重挑战,但是家庭仍是永远不可能消亡的社会细胞。在家庭结构受冲击最严重的美国,在经历了20世纪六七十年代的家庭危机后,家庭也正在日益回归。总而言之,无论是西方的经验,还是我们身边的实践,都在宣告一个无法否认的事实:养老院、托老所一类的社会性机构只是一种必要的补充,绝不是解决养老问题的唯一灵丹妙药。真正能满足老年人需要的很可能是一种类似家庭的社区关怀机制,特别是一种能够发挥传统文化特征的家庭风险分散机制。

（三）强化政府责任和扶持力度,建立政府、集体补贴制度

从各典型地区可以看出,各地政府不同程度地践行了对农村居民的保护职责,政府责任意识得到了切实的加强。尤其是"农

保"制度的创新,更是从侧面反映出各地政府把农民养老问题放在重要位置,值得肯定的是,各地政府对这个问题的重视不仅仅局限于政策上,更是落实在实际行动中。

例如,苏州、无锡的政府、集体对务农人员参保补助幅度多数超过了50%。其中宜兴以当地上年度农民人均纯收入的20%为缴费比例,个人只需缴8%,市、乡镇补助12%,缴费农民个人账户按缴费基数的10%建立,到龄农民养老金按个人账户养老金与基础养老金之和予以计发。特别是,西部少数民族地区的农民,收入水平低,缴费能力差,各级政府更应加强扶持力度,应该区别于其他地区,在补贴金额上有所提高。

第三节 国外农民养老保障制度的经验启示

当社会经济日益发展成熟后,社会保障制度也会随之出现,它作为一种经济现象,不仅出现在工业当中,也出现在农业当中,其覆盖范围正在从城市向农村过渡。在西方发达国家,农民养老保障制度已经成为经济制度的一个重要构成。本节将对西方国家实施的农民养老保障制度进行深入的分析和研究,通过分析,提出一些建议和策略,希望能够为我国西部少数民族地区农村养老保障体系的建立提供指导与借鉴。

一、西方国家构建农民养老保险体系的时机

观察其他国家的社会养老保险可知,在全世界,有70多个国家及地区将农村纳入养老保险范围内,这些国家的所有居民都是养老保险的对象。还有一些和我国经济发展水平相当的发展中国家也做到了这一点。这说明,虽然国家的经济发展和农村社保制度的建立存在密切的联系,但经济因素并不是影响社保制度的唯一因素,当经济发展到某一阶段后,社保制度会随之出现,但是社

保制度的出现不能缺少政治、经济和社会等因素的共同作用,政府在各项制度的制定和实施方面起着决定性作用,各国建立农村养老金的时间及各国经济发展情况如表3-1所示。一些国家的农村经济发展较慢,有一部分国家的农村经济落后于我国农村经济,但这些国家都已经构建了完善的农村养老保障体系。

表3-1 各国建立农村养老金的时间及各国经济发展情况

国家	时间(年份)	农村劳动力占总劳动力比重	农业产值占总产值比重	人均生产总值(美元)	养老金覆盖范围
英国	1946	5.10%	7%	6 440	职业和自佣者
德国	1975	13.4%	7%	7 154	个别性
意大利	1957	29.0%	17%	5 008	个别性
荷兰	1957	10.7%	11%	7 317	普遍性
西班牙	1946	48.8%	41%	2 270	个别性
葡萄牙	1919	52.7%	—	1 445	个别性
希腊	1961	55.3%	23%	3 457	个别性
丹麦	1891	44.9%	37%	2 458	普遍性
中国	1999	47.5%	17.3%	3 098	—

通过观察表3-1可知:

(1)就经济发展水平来讲,我国人均生产总值超过3 000美元,西班牙人均生产总值不到2 300美元,丹麦人均生产总值超过2 400美元,葡萄牙不到1 500美元,虽然这些国家的人均生产总值较低,但它们都已经构建了完善的养老保障体系。

(2)就经济发展历程来讲,一些国家属于后发展国家,这些国家的经济实现了快速发展,在这些国家中,劳动力资源中有一半是农村劳动力,它们也构建了农民养老保障体系,主要国家包括丹麦、希腊等,该项制度的建立,不仅完善了社会制度,也推动了经济的健康、有序发展,目前,在我国所有的劳动力中,农村劳动力所占比重接近1/2,此时我国正适合建立农民养老保障制度。

（3）就养老保障体系的建立时间而言，一些国家在很早之前就建立了该制度，19世纪90年代初，丹麦建立了该制度，20世纪初葡萄牙建立了该制度，20世纪中叶西班牙和英国建立了养老保障制度。通过观察各国总产值中农业产值所占的比重可知，许多国家建立该制度时，这一比重都低于20%，德国为7%，荷兰为11%等，而我国的比重为17%，这为养老制度的建立提供了有利条件。因此，当前我国建立农村社会养老保险制度的基本条件已经具备。

二、国外农民养老保障制度的三种模式对比分析

发达国家在农村养老保障方面积累了丰富的经验，我们依据一些标准，如养老金的筹集情况、发放方法以及管理情况等，对其他国家的农民养老保障制度进行分类。

（一）模式一：社会保险型

社会保险型养老制度是通过社会保险机制为劳动者建立退休收入保障计划的养老模式，是当今世界上农民社会化养老的主流模式，在很多发达国家盛行，典型代表是德国、法国、日本、美国等。该模式的社会保险基金由农业劳动者和雇主按工资额的一定比例共同承担或者仅由农民个人按收入的一定比例承担，同时国家通过政策补贴的方式给予很大的帮助。该模式体现了一个重要原则，即让自助者获得必要的帮助，让参与者明白养老属于每个人的一项责任，积累制和现收现付是这种模式筹集和发放养老金的主要方式。同时将个人缴纳费用的时间以及收入和养老保险待遇结合起来，这种模式强调的一个思想是个人是农民养老的主体，社会和国家起到的是辅助作用。在实施该制度时，政府会提供一些财政支持。

（二）模式二：福利保险型

福利保险型养老制度包括全民型和特殊群体型两种。全民福利型保险的基金来源主要来自国家的税收，养老保障覆盖到所有人，是保障水平较高的制度，从而导致政府压力加大。实施该制度的国家包括瑞典、英国等。在这些国家,居民在年老时可获得一定的养老保障,养老保障是国家财经政策的重要构成。现收现付是该制度筹集和发放养老金的主要方式,个人不需要按年缴费,国家承担大部分费用。发展中国家和经济相对落后的国家通常实施群体型福利保险模式,如南非、斯里兰卡等,因为经济不发达,只能通过实行特殊群体养老保险制度,确保生活困难的老年人获得物质保障。此时政府是救助主体,所以发放的养老金只能起到最低保障作用。

(三)模式三:储蓄保险型

储蓄保险型养老制度仅在世界上少数亚洲、非洲的发展中国家实行,典型国家是新加坡与智利。这种类型的养老保险属于个人完全积累的筹资模式,对国家财政压力较小,家庭是储蓄保险的主体,职员及其公司按照相关比例缴纳费用,国家不承担责任,但给予一定的政策性优惠,如为最低养老金发放补贴。智利规定假如雇员获得的养老金低于国家最低标准,政府则为其提供补助。

(四)对比与评述:社会保险型最优

在比较分析上述几种养老保障模式后,我们发现,目前社会保险型养老制度是最优模式,从资金来源看,政府、社会、公司、个人等都承担一定的职责,符合社会公平原则。采用现收现付的方式发放养老金,体现了群体互济,可使老年人能够获得足够的保障。

三、国外农民社会养老保险资金筹集方式剖析

随着经济的发展,我们迎来了老龄化社会的到来,不管是从受益人口比例的角度考虑,还是从总支付额占国民收入比例的角度考虑,社会保障(包括社会养老保险)的规模都很大。资金来源问题作为一个根本性问题制约着社会养老保险的发展,因此,社会养老保险制度的首要环节和核心内容便是资金筹集。世界银行的专家们认为:随着各国经济的发展,养老的形式正在从非正规制度向正规制度转变,在低收入国家(不包括中国),老年人最主要的生活

费来源是"自己工作"和"家庭"帮助,正规养老制度(退休金和福利)只起很小作用;在中等收入国家,工作和家庭仍是重要来源,但是退休金和福利占主要部分;在高收入国家,退休金和福利几乎是最常见的生活费来源。这种情况反映出不同现代化水平下养老保险的享受程度不同,具体情况如表3-2所示。

表3-2 20世纪80年代部分国家老年人收入来源比重情况

	工作	家庭	年金/福利
高收入国家(65岁以上)	9%	—	97%
美国	20%	—	94%
英国	13%	—	100%
德国	2%	—	98%
中收入国家(60岁以上)	25%	32%	61%
韩国	24%	64%	6%
哥斯达黎加	21%	23%	46%
保加利亚	28%	5%	99%
低收入国家(60岁以上)	47%	58%	13%
肯尼亚	—	88%	—
菲律宾	63%	45%	13%

注:某些国家收入来源之和大于100%,是因为工作来源与年金/福利来源之间有交叉。

比较上述国家的情况可知,养老方式逐渐由家庭养老过渡到了社会养老,这说明家庭养老向社会养老的转变是现代化的发展效应在养老方式上的必然表现。通过查阅相关数据可知,131个国家在筹集养老保险金时,有129个国家是政府提供财政支持或政府、公司、员工共同筹资。这种筹资方式已经成为社会保障的明显特征。

四、国外农民养老保障制度对我国西部少数民族地区养老的借鉴意义

本研究通过对国外农民养老保障制度经验的总结,得到以下借鉴。

(一)反映社会平等体制,使农民逐渐享受国民待遇

每个国家和地区的农民的生活收入和生活费用有较大差异,农村社会养老保障的提前进入与养老保障金额的标准也不同步。经济发展水平高的国家与经济中等发达的国家、经济发展水平高的国家和经济落后的国家农民之间,其物质收益与生存费用也有较大不同。此种不同本应成为确定缴费基数与养老金额标准的根据,而并非作为养老保险"前进"和"后退"的根据。从某种层面而言,养老保险应当是一种反映社会平等的体制。韩国、日本、印度等国家均对农民的国民待遇予以高度重视,比如印度有百分之二三十的人民生活比较贫困,作为帮扶制度,国家向收入少与无供养人的65岁以上老年人提供每个月5美元的补助资金。因为不能核实资产状况,只好把5美元按照月度补助给65岁以上的老年人(不管是农民还是城市居民)。只要是本国的人民,都能够享受这种待遇,而不曾有城镇与农村、农民与市民的区别。逐渐缩小城市与农村间的差距,让所有的人民平等享受国家经济增长带来的好处是应有之义。

(二)以维持基本生活为准则,养老金替代比率标准不得过高

老年社会保障制度为老年人提供的养老保障金是他们维持生活的重要来源。所以,要想满足老年人的基本生活需求,就应让养老金达到维持老年人基本生活的标准。因为养老保险是退休老人可以一直享受的待遇,所以通常是按固定日期、固定标准发放的。保证基本生活就是应明确养老金的替代率标准应当能够保障退休后生活质量达到退休之前的生活质量。世界银行的一项研究结果说明,一般当劳动者工作40年,其家庭所希望的养老金替代比例为75%,国家可确定的公共养老金替代比例是50%。实际上,20世纪90年代,英国的公共养老金替代率是43%,德国是34%,日本是42%,北欧高福利国家的替代率较高,如瑞典为57%。国际劳工组织(ILO)128号公约和131号建议书提出了从45%～55%的替代率,认为这是满足退休者基本生活需要的替代率。"基本保

障"标准和"生活质量不下降"标准是有差异的。尽管西方发达国家以前实行过较高的替代比例,可是这几年在福利制度调整过程中均在下调替代比例。之后下调替代比例的做法成为很多经济不太发达的国家公共社会保险调整过程中普遍运用的方法。

(三)实施多类型的、多层次的农民社会养老保险机制

在德国,当前实施的养老保险机制是依据工作种类设立的,让养老保险体系具有较强的针对性,通过养老保险体系的个性化设计来表现对各类群体的照顾。中国当前农村人口较多,工作种类繁杂,在制定农民养老保险体系的过程中,传统意义上的农业人口被分化为留地农民、流动劳动力等,互相转换的养老保险办法随之诞生。我国地区差异较大,在农村地区更是如此。受经济增长速度、经济承受水平、保险理念等因素的影响,较短时间内制定一套可以使绝大多数农民参保的社会养老保险机制是非常困难的。因此,中国应当构建多层次的农民养老保险。

实施多层次的农民养老保险机制。在日本,农民有多种选择,既能够选择国民通用的"国民养老金",也能够选择"农民养老金基金""国民养老基金制度"等其他方式的保险。"国民养老金"是一个层次,是政府以法律作为保障的、投入少、可靠性高的强制性的保险方式;另外两种则是为特定人群设定的,不强制参与,可自由选择,以解决不同层级农民的养老保险需要。由于我国农民群体呈现多种类型,比如失地农民、传统意义上的以种地为生的农民、流动劳动力、遵照计划生育的农民等,所以,应根据不同群体的现实状况,为其构建相对应的养老保险方式。

(四)多渠道筹集资金,以个人缴费为主要形式,政府提供相应的财力支持

巴西、德国、日本农民养老保障金的获取途径和瑞典等待遇高的国家不一样,属于自保公助类型的养老保障体系,该体系认为农民养老保险首先并且本质上是农民自己的义务,资金构成是农民自己缴纳2/3,剩下的1/3由国家补助,并且是在缴费不够的状况

下才进行补助。实践表明,此种做法与市场经济体系相对应,是贴合现实的。它既能兼顾效率与公平,又不会对财政造成过重的负担。而韩国的社会保障体系是建立在社会福利和经济增长均衡与家庭传统相结合的原则上的,从而形成了地区、公司、政府、家庭同步发展的新形势,从而为农民养老金的筹集提供了更加广阔的渠道。对比之下,在我国的养老保障机制建设中,国家未曾提供直接的财政支持,集体补贴在很多情况下未能落实,进而导致农村社会养老保障最后变成"个体储蓄保险",这在很大程度上打击了农民参与保险的主动性,最终会造成农村社会养老保障机制的构建无法长期、高效地进行。

第四章

西部少数民族地区农村土地制度和农民养老保障制度的发展历程

本章回顾了西部少数民族地区传统的农村土地制度和农民养老保障的历史变迁及特点,这对于认识农民养老保障的制约因素、探讨土地制度和农村养老保障的关联性具有重要意义。新中国成立以后,随着土地制度的不断变迁,西部少数民族地区的养老保障经历了3个发展阶段:第一阶段是1949—1977年,这一时期的特点是以土地为基础的"集体保障";第二阶段是1978—2001年,这一时期的特点是以家庭为单位的"集体保障";第三阶段是2002年至今,这一时期的特点是以多元化为单位的"社会保障"。

第一节 西部少数民族地区农村土地制度的发展历程

新中国成立后,我国农地制度发生了几次变化,最初为平均分地,随后过渡到合作社,在经过人民公社阶段后发展到家庭联产承包责任制,每一次制度的变化都使经济行为发生了改变,土地产权也随之改变。以此为基础,可将西部地区农地制度的发展划分为以下3个历程。

一、均分地:土地归农民所有(1949—1952年)

我国在1950年召开了中共七届三中全会,在这次会议上制定了土地改革法,提出了把农村土地从大部分为地主所有改变为农民所有的新中国土地改革思路。由地主所有制向农民所有制的转变,土地归农民所有,归农民使用。1952年与1949年相对照,我国农业生产迅速得到恢复和发展。其中:每年粮食产量增幅超过13%,棉花产量增幅超过43%,为我国实现工业化创造了良好的条件。

在实施土改之后,我国西部大部分少数民族地区实现了农民的土地私有制,91.4%的耕地被贫农和中农所占有,土地收益权归农民所有,大大提高了农民地位和农业生产积极性,群众基础得到巩固,农民和土地生产资料实现了有效结合,促进了生产力水平的极大提高。

二、从合作社到人民公社:土地归集体所有(1953—1977年)

1953年开始的农业合作化运动是西部少数民族地区的第二次土地改革,第二次土地改革的最终模式是人民公社的建立,在多次变革之后,建立的产权制度是"三级所有",此时农民不再拥有土地,集体成为土地的所有者。第二次土地改革的实行,标志着土地制度仍然是一种政府主导型的强制性制度,国家采用政治措施制定和实施农地产权制度。在互助组时期,国家并未采用较强力度的政治措施,农民还掌握着土地的使用权,最初的土地分配形式没有改变;当变革到初级社时,国家开始采取一些措施影响农地制度,但土地私有制的性质并没有改变,变化的只是收益的分配和经营方式,农业生产效率不断得到提升;当变革到人民公社后,国家开始控制农地的产权,土地集体所有制代替了原来的私有制,表现出国家控制、集体所有、平均分配等特征。

三、家庭承包经营:现行农村土地制度(1978年至今)

集体所有制由于制度本身存在缺陷,生产监督成本大、缺少激励作用,加之受到政治运动的影响,导致各地的农业生产出现下降趋势,农民生活质量也大幅度下滑,农村经济停滞不前。在这种背景下,我国实施了第三次土地改革,此时家庭联产承包责任制代替了人民公社,集体掌握土地的处分权和所有权,农民获得了土地使用权,同时也分割了受益权。这次土地改革工作的进行为现代农地制度的建立提供了条件,我国政府在1982年提出了农村工作纪要。2008年,国务院制定了有关农业基础建设的意见,在数十年间,我国政府制定出台了多项有关推动农业和农村发展的文件,各项规定和制度调动了农民的积极性,不仅增加了农民的收入,也推动了农村经济的发展,特别是2010年中央一号文件提出要进一步完善农村土地承包法律、法规和政策,继续做好土地承包经营权流转管理和服务工作,健全流转市场,开创了中国农村改革发展的新局面。

家庭联产承包责任制的实施,使西部少数民族地区的农户以家庭为单位获得了土地的经营使用权,改变了原有的以"队为基础"的土地所有权制度,实现了土地所有权和经营使用权的两权分离,极大地提高了农村经济发展水平。2012年西部地区农村居民家庭人均纯收入来源和土地经营现状如表4-1所示。

从表4-1中可以得知,虽然经济发展水平显著地提高了,但是西部地区的农村居民家庭人均纯收入明显低于全国平均水平,其中工资性收入与家庭经营纯收入占了很大比重。土地经营方面,除甘肃、新疆、青海外,西部地区的人均经营耕地面积也明显低于全国平均水平。而大多数西部地区的山地面积几乎达到全国平均水平,其中云南、甘肃等地的山地面积远远高于平均水平。整个西部地区,只有云南、陕西、四川和新疆的园地面积超出平均线。除西藏、青海和新疆之外,大多数西部地区牧草地寥寥无几。养殖水面积,只有重庆和四川存在,且低于平均水平。表4-1反映出,我国西部少数民族地区第二、第三产业发展滞后,非农经营不发达,并且可经营土地面积小,制约了经济发展,使土地保障功能"虚化"。

表 4-1　西部地区农村居民家庭人均纯收入来源与土地经营情况比对

地区	纯收入（元）	工资性收入（元）	家庭经营纯收入(元)	财产性收入(元)	转移性收入(元)
全国平均	6 977.30	2 963.43	3 221.98	228.57	563.32
重庆	6 480.41	2 894.53	2 748.25	139.67	697.96
四川	6 128.55	2 652.46	2 761.69	140.38	574.02
贵州	4 145.36	1 713.52	1 980.21	59.50	392.13
云南	4 721.99	1 138.55	2 966.18	218.99	398.27
西藏	4 904.28	1 008.03	3 142.62	113.60	640.03
陕西	5 027.87	2 395.45	2 017.20	165.27	449.95
甘肃	3 909.37	1 561.97	1 866.77	82.46	398.18
青海	4 608.47	1 775.39	2 088.8	93.69	650.59
宁夏	5 409.95	2 164.24	2 730.43	116.43	398.85
新疆	5 442.15	804.73	3 887.15	147.14	603.13

地区	耕地面积（亩/人）	山地面积（亩/人）	园地面积（亩/人）	牧草地面积（亩/人）	养殖水面积（亩/人）
全国平均	2.30	0.49	0.11	4.24	0.04
重庆	1.27	0.33	0.03	0.01	0.02
四川	1.15	0.46	0.25	—	0.02
贵州	1.10	0.73	0.03	0.02	—
云南	1.56	1.32	0.22	0.01	
西藏	1.79	—	0.01	35.46	—
陕西	1.52	0.66	0.28	0.09	
甘肃	2.73	0.64	0.10	0.16	
青海	2.40	0.12	0.01	22.98	
宁夏	3.47	0.33	0.07	0.67	
新疆	5.73	0.08	0.30	8.10	

数据来源：国家统计局：中国统计年鉴(2012 年)，http://www.stats.gov.cn/tjsj/ndsj/。

第二节　西部少数民族地区农民养老保障制度的发展历程

我国西部少数民族地区的农民养老保障在不断变化和发展，养老保障在发展过程中受到了土地制度的巨大影响。西部少数民族地区农村养老保障制度的发展，大致可以按照土地所有制的不同而划分为两个阶段：第一阶段为新中国成立前，土地归私人所有，农村与城镇养老保障方式没有太大区别，都是主要依靠传统的家庭养老；第二阶段为新中国成立后，土地逐渐被收归国家或集体所有，农村与城镇的养老保障方式产生很大差异。新中国成立后，与农村土地制度变革相适应，农村养老保障制度也发生了一系列变化，大致经历了以土地为基础的"集体保障"、以家庭为单位的"集体保障"和单位多元化的"社会保障"三个时期。

一、以土地为基础的"集体保障"（1949—1977年）

改革开放前，西部少数民族地区农村社会保障制度与集体生产经营方式紧密结合，该时期可以视为一种以土地为基础的"集体保障"。新中国成立后实施了第一次土地改革，农民掌握了土地所有权，我国农业开始实现快速发展，农民的生活得到保障。与土地变迁制度相适应，西部少数民族地区的农村养老保障也可划分为几个阶段：第一，均分地阶段，在平均分配农地时，农村的老年人主要是通过家庭养老获得保障，如果老人无法耕种田地，也无子女赡养，国家会为其发放补助；第二，人民公社阶段，此时农民养老方式既有家庭养老，也有集体养老。在实施人民公社时，农民都属于公社中的一员，集体拥有他们上交的生产资料，农民参与集体生产活动能够得到相应的经济收入；集体将口粮平均分配给每一个人，因此老年人能够获得生活保障，同时老年人还可参与适合他们的劳动，他们通过获得集体发放的资金维持生活。与此同时,子女对老人也负有直接的赡养义务,家庭养老与集体养老互促补充。第三,1958年以后,农村建立了一些社保组织,如合作医院、敬老院等,农村集体福利事业开始有所发展,"五保户"制度逐步建立。

二、以家庭为单位的"土地保障"(1978—2001年)

改革开放后,随着土地承包到户,集体经济组织逐步解体,西部少数民族地区农村社会保障变成以家庭为单位的"土地保障"。农村家庭联产承包责任制中土地归集体所有,经营上实行统分结合的双层经营体制。集体保障的经济基础丧失,致使经济活动主体重新转变为家庭,养老的责任相应回归家庭。以家庭为单位的"土地保障"可划分为以下几个阶段:

阶段一:1986—1992年为试点时期。我国国务院和其他部门在1986年召开了有关农村社会保障的工作会议,在这次会议上提出要结合我国现实情况,以各地实际情况作为出发点推进农村社保工作的进行,同时列出一些试点地区开始建立农村社保制度,当试点建设完成后,逐渐向西部等地区推行。我国民政部在1992年制定了农村社会养老保险基本方案,将家庭养老和社会养老结合在一起,使农村地区的居民享受到了统一的养老保障,缴费方式以个人为主体,国家和集体提供相应的补贴,一些地方经济较发达,可为个人建立专门账户,采用积累制方式筹集养老金。

阶段二:1992—1998年的推广阶段。在此阶段,全国各地包括西部地区按照方案的要求,集中力量开展农村社会养老保险推广工作。到1998年,开展农村社会养老保险县的数量和参保农民数量分别达到2 000余人和8 200多万人。

阶段三:1998—2001年为衰退阶段。我国政府在1998年开始改革,此时劳动与社会保障部开始管理农村养老保险工作,受一系列原因的影响,我国某些农村地区参加养老保险的人数持续减少,还有一些农村地区的养老保险工作停滞不前。

三、单位多元化的"社会保障"(2002年至今)

在以多元化为单位的社会保障时期,养老保险经历了以下两个阶段:第一阶段:2002—2004年的政策调整过渡阶段。2002年,中共十六大报告中提出:在有条件的地方探索建立农村养老、医疗保险和最低生活保障制度;2003年,相关部门制定了有关农村养老保险工作的通知,此外还印发了《关于认真做好当前农村养老保险工作的通知》,要求各地准确把握党中央制定的有关农村养老保障的决策,许多地区结合当地的现实情况不断完善和调整养老保险制度;2004年,更多的地区结合当地实际,发布了农村社会养老保险制度建设的实施意见或指导意见。第二阶段:2005年至今的政策转向阶段。2005年,中共十六届五中全会制定了新政策纲领,这项纲领为农民养老保险制度的发展指明了方向;2007年召开了中共十七大,在会议上指出社保体系要惠及城乡所有居民;国务院在2009年制定了有关《新型农村社会养老保险试点的指导意见》(以下简称《意见》),该《意见》的出台推动了新农保试点工作的开展。新农保坚持"保基本、广覆盖、有弹性、可持续"的基本原则,与过去实施的农保相比,新农保具有几个明显的特征,即将个人账户和社会统筹结合在一起,新农保和社会救助、家庭养老等制度相配套,完善社会保障机制,建立新农保,将政府和集体的补贴与个人缴费结合起来,切实解决农民的养老问题,具体实施情况见表4-2。

表4-2 西部地区新型农村社会养老保险试点情况比对

地区	参保人数(万人)	达到领取待遇年龄参保人数	基金收支情况(亿元)		
			基金收入	基金支出	累计结余
全 国	32 643.45	8 921.78	1 069.68	587.69	1 199.18
陕 西	1 277.46	283.50	34.66	16.88	35.16
重 庆	1 125.12	347.72	87.66	82.68	14.88
四 川	1 514.44	623.07	66.56	38.47	69.15
贵 州	834.51	310.71	30.38	21.30	15.69

(续表)

地 区	参保人数（万人）	达到领取待遇年龄参保人数	基金收支情况(亿元)		
			基金收入	基金支出	累计结余
云 南	1 247.91	253.33	23.04	11.45	24.11
西 藏	119.08	20.10	2.54	1.52	1.10
甘 肃	781.63	159.08	42.53	9.99	36.26
青 海	176.97	33.06	4.74	2.51	5.14
宁 夏	175.09	33.71	5.34	1.93	5.92
新 疆	490.58	84.68	14.54	6.04	15.05

注：本年度新农保数据是指经国务院批准开展新农保试点地区的数据，不包含老农保和地方自行开展新农保试点地区数据。

数据来源：国家统计局，中国统计年鉴(2012年)，http://www.stats.gov.cn/tjsj/ndsj/。

其中：①个人缴费。目前参加新农保的农村居民可以自主选择缴纳保险费的档次，本着"自主选择，多缴多得"的原则，农村居民可以按规定缴纳养老保险金。当前设置的缴费标准有5档，最低档为100元，最高档为500元，各档之间相差100元，各地可结合当地的情况增加一些档次，当农民收入增多时，可对缴费档次进行合理的调整。②集体补助。一些农村地区经济较发达，村集体给参加农村养老保险的村民发放补贴，可在召开村民会议时决定补助标准。③政府补贴。政府对参加农村养老保险的农民有一定的优惠补助政策，如果参保人达到各项条件的要求，这些人员的基础养老金由政府来承担，中部和西部地区的基础养老金全部由中央财政提供支持，此外，中央财政还为东部地区提供一半的财政支持；居民账户和基础养老金共同构成了养老金，支付期限为终身制。按照相关规定，达到标准的老年人每月可获得55元的补助，地方政府结合当地的情况确定基础养老金的标准。2009年，我国1/10的地区建立了试点，随后将逐年增加试点，并向全国推广，预计到2020年时我国所有农村地区的老年人都可以享受到养老保障。这说明我国的农村养老保险制度实现了快速发展，过去只有城镇职工是社会保险的主要对象,如今城乡居民都已经成为社会保险的覆盖对象。

第三节 西部少数民族地区农村土地制度和农民养老保障制度历史进程中的关联性分析

通过梳理西部少数民族地区农村土地制度和农民养老保障的发展历程,可以得到以下几点:第一,新中国成立以来,政府始终是主导和促使农村社会保障制度变革的主体;第二,与城镇居民养老保险不同,农村土地产权及制度形式与农村社会保障具有较强的关联性,西部少数民族地区亦是如此,且农民养老保障中的家庭养老方式占据更重要地位。

一、土地归农民所有形式下的"集体保障"

1. 土地产权制度及形式

该形式下土地归农民所有和使用,实现了劳动者、土地生产资料、集体生产经营方式和农村社会保障制度紧密结合。

2. 土地功能

该形式下土地功能以生活保障为主,收入和养老功能为辅。

3. 养老保险承担方式以及相关主体

该形式下养老主要是家庭供养方式,对于少数无依无靠或者丧失劳动能力的孤寡老人,国家和集体提供了临时性的社会救济。

4. 保障层次与水平

该形式下养老保障层次低,水平低。

二、土地归集体所有形式下的"集体保障"

1. 土地产权制度及形式

该形式下土地归集体所有,具有国家控制、集体所有、平均分配等特征。

2. 土地功能

该形式下土地功能以生活保障和收入功能为主,就业和养老功能为辅。

3. 养老保障承担方式与主体

该形式下养老以集体供养与家庭养老相结合,同时还设置了敬老院和合作医疗,各类社保组织也不断发展,农村集体福利事业开始有所发展,"五保户"制度逐步建立。

4. 保障层次与水平

该形式养老层次有所提高,但保障水平偏低。

三、现行农村土地制度下的"土地保障"和"社会保障"

(一) 现行农村土地制度下的"土地保障"

(1) 土地产权制度及形式:将土地所有权和处分权交由集体,使用权交由农民,同时对受益权进行分割。

(2) 土地功能:生活保障功能、就业功能、收入功能、保险功能。

(3) 养老保障承担方式与主体:以家庭为单位的土地保障,土地归集体所有,经营上实行统分结合的双层经营体制。

(4) 保障层次与水平:保障层次有所提高,保障水平逐渐提高。

(二) 现行农村土地制度下的"社会保障"

(1) 土地产权制度及形式:将土地所有权和处分权交由集体,使用权交由农民,同时对受益权进行分割。

(2) 土地功能:土地集生活保障、就业、土地发展权、养老保障、社会文化以及合法投资功能为一体。

(3) 养老保障承担方式与主体:以多元化为单位的"社会保障",家庭养老、土地保障、社会救助等社会保障政策措施相配套,探索建立个人缴费、集体补助、政府补贴相结合的新农保制度。

(4) 保障层次与水平:保障层次进一步提高,保障水平稳步提升。

第五章
西部少数民族地区农村土地流转及农民养老保障现状分析

第一节 选取样本简介

本研究课题组2012—2013年通过抽样入户调查的方式获得了西部少数民族聚居地区3个省7个县7个村227户（有效问卷226户）农民的情况，通过领导访谈、开座谈会、向农户和村委会干部发放问卷、向当地人力资源与社会保障部门、农技站收集资料等方式获得了大量的一手资料，通过查阅相关文献和统计年鉴的方式获得了大量的二手资料。对资料进行整理、分析得到了全国、各地区及调查县的基本情况，如表5-1所示。

表5-1 全国、各地区及调查县2012年GDP和农民人均纯收入

地 区	GDP（万元）	人均GDP（元）	农民人均纯收入（元）
全国	5 189 421 000	38 420	7 917
东部地区	2 958 920 000	57 722	10 817
东北地区	504 773 000	46 014	8 846
中部地区	1 162 777 000	32 427	7 435
西部地区	1 139 048 000	31 357	6 027
四川省眉山市彭山县	927 900	26 833	8 711
云南省红河州建水县	896 411	17 277	5 716
贵州省毕节市黔西县	1 035 900	15 715	4 986
云南省普洱市江城县	200 903	22 323	3 965
云南省昭通市鲁甸县	378 626	9 465	3 046

(续表)

地区	GDP(万元)	人均GDP(元)	农民人均纯收入(元)
云南省大理白族自治州剑川县	190 287	11 470	2 861
云南省怒江州贡山县	53 184	15 642	2 209

资料来源：根据中国统计年鉴(2013)，云南统计年鉴(2013)，毕节市政府信息公开目录、眉山人民政府网站的数据整理得到。

从上面数据可以得知，西部12个省(市)的GDP远远落后于其他地区，仅占全国GDP的19.8%，东北3个省的生产总值就占了全国GDP的8.8%。此外，西部地区的农民人均收入也远低于其他3个地区。因此，在研究西部地区，特别是西部少数民族聚居区的GDP及农民人均纯收入时，本研究仅将比较对象限定在西部地区这个范畴里，未与其他发达地区相比较。

在西部地区这个范畴里将上述7个县进行分组，本研究将彭山县和建水县划分为经济发达区域，这两个县一个位于四川省成都市附近，另一个位于云南省南部，属于经济较为发达的少数民族聚居区，其年人均GDP在15 000元以上，农民人均纯收入在5 000元以上(彭山县高于西部地区的平均值)；本研究将黔西县、江城县和鲁甸县划分为一般区域，黔西县位于贵州省中部偏西北，另两个县均处在云南省80个扶贫开发重点县之列，农民生活水平较低，农民人均纯收入在3 000~5 000元之间；本研究将剑川县和贡山县划分为欠发达区域，这两个县属于云南省扶贫开发重点县，且贡山县属于边境地区县，其农民人均纯收入在3 000元以下。这样的划分，可以保证本研究调查结果的代表性，即保证本研究得出来的数据、反映的情况及存在的问题是西部少数民族地区所共有的。

第二节 西部少数民族地区农村土地流转现状分析

随着西部大开发战略的实施，特别是对西部少数民族地区"三农"问题的日益关注,我国西部少数民族地区农村经济有了很大的发展,农业结构的调整、农业机械的使用使农业生产水平显著提高,并使农村土地经营方式也有了很大转变,土地流转逐渐开展了起来。但农村土地流转涉及政府、农民等多方利益群体,是一个复杂的社会问题,存在着诸多的制约因素。因此,我国西部少数民族地区的土地流转总体上处于一个低水平的状态,不同地区、不同收入水平、不同民族的农户在土地流转方面差异明显。

一、不同地区农户的土地流转情况

抽样调查的西部少数民族地区7个县中,发达区域(彭山县、建水县)、一般区域(黔西县、江城县、鲁甸县)和欠发达区域(剑川县、贡山县)之间,在土地流转方面存在着一定的差异,具体情况如表5-2所示。

表5-2 样本调查的不同地区农户的土地流转情况

	户均土地(亩)	年份	户均土地转出数(亩)	转出土地占土地经营面积的比重	户均土地转入数(亩)	转入土地占土地经营面积的比重
发达区域	3.1913	2011	0.2160	6.77%	0.0905	2.83%
		2012	0.2039	6.39%	0.1209	3.79%
一般区域	3.5023	2011	0.1951	5.57%	0.2854	8.15%
		2012	0.1537	4.39%	0.2049	5.85%
欠发达区域	7.6685	2011	0.8651	11.28%	1.2734	16.61%
		2012	0.6027	7.86%	1.2267	15.99%

资料来源:根据抽样调查数据整理得到。

从表5-2中数据可以看到,经济越发达的区域,户均土地越少。各个区域农民对土地的依赖水平都较高,并且受经济危机的影响,愿意流转出土地的农户越来越少,之所以土地转入水平也有所下降,主要是因为土地的供给不足,而不是农户不愿转入土地。一般情况下,经济发达的区域,对土地的依赖程度相对低一些,土地转入亩数所占比重低于一般区域和欠发达区域,土地转出亩数所占比重高于一般区域和欠发达区域。但在此次调研中,欠发达区域土地转出亩数所占比重最高,这是因为欠发达区域土地较多,一般流转出去时也是一大块、不分割地转出,因而土地转出亩数所占比重就高于其他区域。

二、不同收入水平农户的土地流转数量情况

根据 2012 年的数据,按人均收入状况把所有农户进行分组,分为 4 组,不同人均收入水平的农户的土地流转意愿有着明显的差别,如表 5-3 所示。从表 5-3 中数据可以看到,各个人均收入水平的农户的户均土地亩数相差不大,最高的是中低收入组,最低的是低收入组,两组仅相差 0.87 亩,从这个结果可以看出,西部少数民族地区各个收入水平的农民对土地的依赖程度都较高。从土地转入、转出数量情况来看,高收入组农民转出土地所占比重最大,转入土地所占比重最小,这表明高收入水平的农户对土地的依赖程度更低。在本次调研中,中低收入组和中高收入组的农民转入土地所占比重高于低收入组,是因为其户均土地亩数高于低收入组,且在中低收入组中,有一户农民租入了 80 亩的山林种植经济林果,所以中低收入组户均转入亩数所占比重就被偶然地扩大了。

表 5-3 2012 年人均收入水平和农户土地流转数量情况

人均收入水平	户数(个)	户均土地(亩)	户均转出土地(亩)	转出土地所占比重	户均转入土地(亩)	转入土地所占比重
低收入组(0~3 000元)	83	5.08	0.22	4.33%	0.31	6.10%
中低收入组(3 000~5 000元)	57	5.95	0.50	8.33%	1.89	31.84%
中高收入组(5 000~10 000元)	50	5.68	0.38	6.66%	0.59	10.43%
高收入组(10 000元以上)	36	5.56	0.58	10.45%	0.03	0.50%

资料来源:根据抽样调查数据整理得到。

三、土地流转的低水平现状

西部少数民族地区的农民文化程度普遍不高,受民族文化、土

地保障的传统观念、农村社保机制不健全、劳动力转移率低等因素的影响,我国西部地区农村土地流转水平普遍较低。大多数农户仍主要以种地为生,因此他们不愿将土地流转出去。

(一)非农收入水平低

由于近年来金融危机的影响,不管是沿海企业还是各地农村的乡镇企业,发展速度都有所放缓,经济效益明显下降,农民在非农产业上的收入也随之锐减。尤其是西部少数民族地区农民,他们的文化程度、劳动技能普遍低于汉族及其他发达地区的农民,因此,其非农收入相应地比汉族及其他发达地区的农民减少得更多,受雇佣的机会也要低于汉族及其他发达地区的农民。此外,少数民族地区农民受传统思想和文化程度低的影响,他们大多数不愿离开家乡,外出打工者较少,仍然以种地为生,多数人只是利用农闲时候在乡镇企业或县城打短工。如表5-4所示,从2007—2013年这7年里,农民人均非农纯收入占农民人均纯收入的比重增长缓慢,甚至在2011年出现倒退现象。正是由于这些原因导致农民宁愿将土地抛荒也不愿将土地流转出去。

表5-4 调查的7个村农民人均农业纯收入和农民人均非农纯收入

年份	农民人均农业纯收入(元)	农民人均非农纯收入(元)	农民人均非农收入占农民人均纯收入的比重
2007	2 310.46	1 914.43	45.31%
2008	2 175.63	2 071.86	48.78%
2009	2 326.24	2 351.96	50.27%
2010	2 728.59	2 851.07	51.10%
2011	3 189.82	3 274.08	50.65%
2012	3 590.73	3 843.49	51.70%
2013	3 811.48	4 150.67	52.13%

资料来源:根据抽样调查数据整理而得。

(二)土地流转水平低

从表5-5和表5-6的调查数据来看,调查的7个村土地的流转水平是较低的,土地流转的方式以租出(入)、转包出(入)、互换和无偿耕种为主，股份合作、抵押、无偿转让的土地流转形式几乎很少。在农户经营的土地中，2010年，转出土地占全部经营耕地的比重为9.87%，户均转出土地0.5404亩；转入土地占全部经营耕地的比重为13.73%，户均转入土地0.7522亩。2011年，转出土地占全部经营耕地的比重为6.91%，户均转出土地0.3789亩；转入土地占全部经营耕地的比重为13.23%，户均转入土地0.7243亩。2012年，转出土地占全部经营耕地的比重为9.25%，户均转出土地0.5094亩；转入土地占全部经营耕地的比重为23.26%，户均转入土地1.6524亩。2013年，转出土地占全部经营耕地的比重为6.33%，户均转出土地0.3491亩；转入土地占全部经营耕地的比重为22.10%，户均转入土地1.2181亩。从这些数据可以看到，土地转入高于土地转出数据，这说明：目前阶段西部少数民族地区农民转入土地的需求远远大于转出土地的供给，许多农民想增加土地，但是有限的土地供给使需求方得不到满足。在课题组调研中也发现，一些农民因为租不到水田，就转而从村集体那里租入林地、荒山，开垦出来种植经济林木或果树。

表5-5 调查中土地转出情况

年份	具体情况	租出	转包出	参加入股	互换	抵押	无偿转让
2010	户均转出土地数（亩）	0.3761	0.0611	0.0089	0.0456	0	0.0487
	占土地经营面积的比重	6.87%	1.12%	0.16%	0.83%	0	0.89%
2011	户均转出土地数（亩）	0.2788	0.0412	0.0089	0.05	0	0
	占土地经营面积的比重	5.09%	0.75%	0.16%	0.91%	0	0
2012	户均转出土地数（亩）	0.3363	0.0951	0.0089	0.0412	0	0.0279
	占土地经营面积的比重	6.10%	1.73%	0.16%	0.75%	0	0.51%
2013	户均转出土地数（亩）	0.2522	0.0664	0.0088	0.0190	0	0.0027
	占土地经营面积的比重	4.57%	1.20%	0.16%	0.35%	0	0.05%

资料来源：根据抽样调查数据整理而得。

表 5-6 调查中土地转入情况

年份	具体情况	租入	转包入	接受入股	互换	抵押	无偿耕种
2010	户均转入土地数(亩)	0.499 6	0.024 3	0	0.060 2	0	0.168 1
	占土地经营面积的比重	9.12%	0.44%	0	1.10%	0	3.07%
2011	户均转入土地数(亩)	0.521 7	0.004 4	0.004 4	0.05	0	0.143 8
	占土地经营面积的比重	9.53%	0.08%	0.08%	0.91%	0	2.63%
2012	户均转入土地数(亩)	0.161 5	0.922 6	0	0.411 2	0	0.157 1
	占土地经营面积的比重	2.93%	16.73%	0	0.75%	0	2.85%
2013	户均转入土地数(亩)	0.152 7	0.898 2	0	0.019 0	0	0.148 2
	占土地经营面积的比重	2.77%	16.29%	0	0.35%	0	2.69%

资料来源:根据抽样调查数据整理而得。

四、农业收入水平和非农业收入水平对土地流转的影响

通过对西部少数民族地区农户的农业收入水平和非农业收入水平对土地流转影响的分析(见表 5-7 与表 5-8),可以得到以下的结论:农户的农业收入水平越高,其户均土地面积越大,转入土地的意愿越强,转出土地的意愿越弱;农户的非农业收入越高,其户均土地面积越小,转入土地的意愿越弱,转出土地的意愿越强。

表 5-7 2012 年农户农业收入水平与农户土地流转情况

农业收入水平	户数(个)	户均土地(亩)	户均转出土地(亩)	转出土地所占比重	户均转入土地(亩)	转入土地所占比重
0~5 000 元	108	3.45	0.34	9.86%	0.11	3.19%
5 000~10 000 元	58	6.33	0.19	3.0%	0.3	4.74%
10 000~15 000 元	15	7.67	0.62	8.08%	1.29	8.6%
15 000 元以上	45	8.50	0.44	5.18%	0.45	5.29%

资料来源:根据抽样调查数据整理得到。

表 5-8 2012 年非农业收入水平与农户土地流转情况

非农业收入水平	户数（个）	户均土地（亩）	户均转出土地（亩）	转出土地所占比重	户均转入土地（亩）	转入土地所占比重
0～5 000 元	111	6.48	0.405 4	6.26%	0.414 4	6.40%
5 000～10 000 元	40	4.36	0.32	7.34%	0.28	6.42%
10 000～15 000 元	20	4.35	0.322 6	7.42%	0.075	1.01%
15 000 元以上	55	4.67	0.58	12.42%	0.27	5.78%

资料来源：根据抽样调查数据整理得到。

从上述的实证调查结果可以发现，西部少数民族地区的土地流转总体水平很低，土地流转形式以出租、互换、转包和无偿耕种为主，股份合作和抵押等形式的土地流转形式很少。此外，西部少数民族地区农户对土地的需求远大于土地的供给，特别是优良土地的供给严重不足。经济发达地区的农户和非农业收入水平较高的农户，相对来说，对土地的依赖程度要低一些。

第三节　西部少数民族地区农民养老保障现状分析

目前，我国西部少数民族地区的农村养老方式在未开展新型农村养老保险之前，主要以土地保障和家庭养老为主，并辅之于低保补助、特困救助、临时性生活救助等救助制度。随着新型农村养老保险试点工作的全面开展，传统的家庭养老模式将逐步向社会保障养老方式过渡。在实施新型农村养老保险的过程中，如何扩大"新农保"的覆盖范围，如何提高"新农保"的保障水平，如何落实失地农民的养老保障问题，如何加强对最低生活保障制度运行的监督管理力度，确保这部分资金落到真正需要的人的手中，这些问题将成为本研究当前急需解决的主要问题。

一、西部少数民族地区农村老人的养老需求分析

(一) 调查村庄老人的基本情况

调查村庄老人的基本情况如表5-9所示。7个村调查样本226户,其中65(含65岁)至80岁老人171人,占75.66%;80岁以上(含80岁)老人55人,占24.34%。初中以上文化24人,占10.62%。月收入在600元以下的202人,占89.38%。55.75%的老人没有参加社会养老保险。94.25%的老人养老方式为家庭养老,老人的养老经济来源除了自己劳动所得外,更多的是来自子女、亲戚。老人在衣物、住行方面的支出较少,其养老支出主要集中在口粮和医药费上,口粮主要源于耕地收成,老人自己有劳动力时,口粮由自己供给;老人丧失劳动能力后,土地由子女耕种,子女供给老人口粮。64.16%的老人医疗支出每年平均500元以上,老人医疗支出普遍较高。随着新型农村合作医疗保险的推广和宣传,加入"新农合"的老人明显增多,7个村样本户的70.36%的老人加入了"新农合"。在问及他们期望得到的医疗保障模式时,70.8%的老人希望能够报销住院费用,22.15%的老人希望能够报销诊疗费用,7.08%的老人希望能够每年体检一次。根据马斯洛的需求层次论,目前老人的医疗保障需求还处于最低层次,大多数人还不敢提出医疗保健方面的需求。在生活照料方面,59.29%的老人能够自我照顾,40.71%的老人需要家人的照料,但是由于子女忙于自己的事务,这部分老人没有得到很好的照顾,只是靠子女在劳动空闲时候来照看一下。集体、社区也只是逢年过节来家里慰问一下。随着农民的生活水平的日益提高,他们对娱乐和精神慰藉的需求也增加了,7个样本村的226户中,53.1%的老人对周围娱乐设施或健身设施不满意,希望村里能够建造供老人娱乐和健身的休闲场所。同时,他们也希望子女能够经常回来看看,所以情感上的需求对于他们来说也是十分重要的。

表 5-9 2012年调查村老年人基本情况

调查项目	具体情况	年龄	人数(人)	百分比
受教育程度	没有上过小学	65~80岁	80	35.40%
		80岁以上	44	19.47%
	小学程度	65~80岁	70	30.97%
		80岁以上	8	3.54%
	初中程度	65~80岁	9	3.98%
		80岁以上	1	0.44%
	高中程度	65~80岁	8	3.54%
		80岁以上	2	0.88%
	高中以上	65~80岁	4	1.78%
		80岁以上	0	0
月收入	300元以下	65~80岁	118	52.21%
		80岁以上	37	16.37%
	300~600元	65~80岁	39	17.26%
		80岁以上	8	3.54%
	600元以上	65~80岁	19	8.41%
		80岁以上	5	2.21%
社会养老保险	参加	65~80岁	78	34.51%
		80岁以上	22	9.73%
	未参加	65~80岁	99	43.81%
		80岁以上	27	11.95%
养老方式	家庭养老	65~80岁	176	77.88%
		80岁以上	37	16.37%
	机构养老	65~80岁	0	0%
		80岁以上	0	0%
	无人赡养	65~80岁	10	4.42%
		80岁以上	3	1.33%

(续表)

调查项目	具体情况	年龄	人数(人)	百分比
每年在医疗方面的支出(年均)	500元以上	65~80岁	103	45.58%
		80岁以上	42	18.58%
	200~500元	65~80岁	26	11.50%
		80岁以上	7	3.11%
	200元以下	65~80岁	42	18.58%
		80岁以上	6	2.65%
目前医疗支出的主要补偿方式	自费	65~80岁	53	23.45%
		80岁以上	14	6.19%
	参加"新农合"	65~80岁	120	53.10%
		80岁以上	39	17.26%
期望得到何种医疗保障模式	报销住院费用	65~80岁	121	53.53%
		80岁以上	39	17.26%
	报销门诊费用	65~80岁	39	17.26%
		80岁以上	11	4.87%
	每年体检	65~80岁	13	5.75%
		80岁以上	3	1.33%
生活照料情况	亲属或子女在身边居住并照料	65~80岁	128	56.64%
		80岁以上	46	20.35%
	子女不在一起居住但经常来照料	65~80岁	39	17.26%
		80岁以上	9	3.98%
	社区和政府工作人员过年过节来关心	65~80岁	4	1.77%
		80岁以上	0	0
自我照料的能力	可以自我照料	65~80岁	122	53.98%
		80岁以上	12	5.31%
	需要身边有人照料	65~80岁	69	30.53%
		80岁以上	23	10.18%

(续表)

调查项目	具体情况	年龄	人数(人)	百分比
对周围的娱乐设施或健身设施态度	满意	65~80岁	9	3.98%
		80岁以上	3	1.33%
	无所谓	65~80岁	67	29.65%
		80岁以上	27	11.95%
	不满意	65~80岁	97	42.92%
		80岁以上	23	10.17%
精神慰藉和娱乐生活方面的建议	无所谓,希望子女能够经常回来看看	65~80岁	99	43.81%
		80岁以上	30	13.27%
	建公共设施	65~80岁	74	32.74%
		80岁以上	23	10.18%

资料来源:根据抽样调查数据整理而得。

(二)西部少数民族地区农村老人的收入与支出

1. 西部少数民族地区农村老人的收入

西部少数民族地区农村老人的收入包括以下几个部分:一是农村老人的个人自我收入,包括老人自己经营土地、养殖禽畜、务工、做生意、把土地转交给子女或转包给他人的收入,老人的储蓄等;二是家庭成员给予的经济支持,即子女或其他家庭成员,包括邻里给予的经济帮助;三是村委会和村集体给予老人的资助;四是社会救助,包括社会保险、农村特困户救助、农村低保、少数民族地区各种补贴等。

表5-10列示了农民人均纯收入和老人人均纯收入,可以看到,自2007年以来,调查村老人的人均年收入远低于当地农民人均年收入,而且两者之间的差距越来越大(除了2008年的差异低于2007年以外)。调查村农民人均年收入的平均增长率为8.43%,比老人的人均年收入的平均增长率高0.49个百分点。农村老人的收入较低,有几个原因:其一是农村老人没有退休金,由于"新农保"在西部少数民族地区还处于试点运行状况,所

以即使在实施了"新农保"的地区,老人目前也多为每月领取最低养老金55元,而这根本是杯水车薪。全国老龄工作委员会发布的《2010年中国城乡老年人口状况追踪调查主要数据报告》显示,社会养老保障的覆盖率,城镇达到84.7%,月均退休金1 527元;农村34.6%,月均养老金74元。农村老人月均退休金仅为城市老人月均退休金(1 527元)的近5%。老人平均年收入结构中,城市中老年人的养老保障占到86.8%,而农村目前主要还是靠家庭和土地养老,养老保障只占到18.7%。这是全国的情况,而西部少数民族地区老人的社会保障覆盖率更低。其二是农村老人随着年龄的增长,其体力下降,而农业劳动强度大。许多老人由于体力和精力的原因,无法进行精耕细作和田间管理,只管播种和收获,实行粗放管理,所以其田间收入也逐渐减少。其三是老人受年龄的限制,几乎没有务工收入,做生意的更是个别老人。《2010年中国城乡老年人口状况追踪调查主要数据报告》显示,城镇老年人近75%是离、退休职工,再就业(含返聘)的占7.2%。而在农村有44.3%的老年人仍在干农活,务工、做生意的仅占8.6%。

表5-10 调查村2007—2013年农民人均年收入和老人人均年收入

单位:元

年份	2007	2008	2009	2010	2011	2012	2013
农民人均年收入	4 224.90	4 247.49	4 678.20	5 579.66	6 463.90	6 941.87	7 472.02
老人人均年收入	2 623.82	2 730.95	3 013.70	3 463.30	3 895.38	3 837.53	4 118.28
两者之差	1 601.08	1 516.54	1 664.50	2 116.36	2 568.52	3 104.34	3 353.74

资料来源:根据抽样调查数据整理而得。

在调查过程中,本研究的发现和上述结论是相吻合的(见表5-11),老人获得收入的最主要来源就是种地收入和子女亲友的供给,从2007—2013年这7年里,子女亲友的供给平均占老人总收入最多,基次是种地收入,最后是低保收入和副业收入,2项合计

表 5-11　调查村 2007—2013 年老人人均纯收入来源

单位:元

收入来源 年份	种地收入	低保收入	副业收入	做生意收入	出租房屋	转包土地	子女亲友	人情往来
2007	899.31	187.41	264.40	125.66	97.35	30.66	826.50	192.52
2008	883.13	209.38	314.47	124.54	97.35	30.31	887.17	184.60
2009	926.33	293.81	316.64	121.68	142.92	28.98	992.17	191.17
2010	966.81	508.28	334.12	104.20	142.92	31.46	1 174.71	200.80
2011	1 059.40	546.09	419.91	142.26	144.80	32.65	1 264.96	285.31
2012	1 303.50	587.36	489.62	150.22	143.67	48.67	1 218.63	329.45
2013	1 420.24	624.42	511.42	169.38	143.78	49.12	1 304.20	340.52

资料来源:根据抽样调查数据整理而得。

平均占老人总收入的 22.82%。而其他收入很少,做生意收入、出租房屋收入、转包土地收入、人情往来收入 4 项合计平均只占老人总收入的 15.58%。

以上分析表明,农村老人的收入来源主要为种地收入。但随着城市化、工业化进程的飞速发展,土地流转的加速也不可避免,失地农民的规模也逐渐扩大。目前,西部地区政府在相关补偿和保障政策方面还不够完善,有关法律、法规不健全,在土地农转非时,政府主要是向经济建设发展看齐,而被征地农民得到的太少,在失地农民的基本生活、就业、保障等方面的问题缺乏长期有效的解决途径。这势必会影响到以种地收入为主要收入来源的农民未来的养老生活质量的提高,因此,解决失地农民的利益问题变得尤为重要。

2. 西部少数民族地区农村老人的支出

自 2007—2013 年,调查村老人的人均消费支出由 2 724.86 元(表 5-12 中各项支出之和)增加到 4 652.57 元(表 5-12 中各项支出之和),平均增长率为 7.85%,其中食物支出由 1 462.41 元增加到1 879.31元,平均增长率为4.30%,衣物支出由228.67元增加到453.08元,平均增长率为12.55%,居住支出由95.13元增加到227.53元,平均增长率为25.41%,人情往来支出由178.97元增加到306.37元,平均增长率为9.52%,医疗费用支出由759.68元增加到1 786.28元,平均增长率为17.06%,从表5-12和表5-13还可以看到,老人的各项消费支出中,食物和人情往来支出变化较小,这是由于一个人的食物需求基本上变化不大,消除物价的上涨因素,其食物支出也就基本保持不变了,且随着老人人均收入的增加,其食物支出占总消费支出的比重是在下降的;老人在人情往来的消费大都交于子女,在人情往来上的支出变动幅度不大。变化最大的是居住支出和医疗支出,其中,居住支出前4年变化不大,且2010年略有减少,但自2011年起,老人的居住支出大幅度地上升了;医疗支出的绝对值每年都在增加,且老人医疗支出占总消费支出比重的总体趋势也是上升的(2009年和2013年略有下降)。这可能是因为随着老人收入水平的增加,老人对居住环境要求更高,对自己身体的保健也关注得更多了。

表5-12 调查村2007—2013年老人人均消费支出

单位:元

年份	食物支出	环比增长	衣物支出	环比增长	居住	环比增长	人情往来	环比增长	医疗费用	环比增长
2007	1 462.41	—	228.67	—	95.13	—	178.97	—	759.68	—
2008	1 492.39	2.05%	248.74	8.78%	95.13	0.00%	196.55	9.82%	813.58	7.10%
2009	1 559.45	4.49%	275.19	10.63%	95.13	0.00%	234.08	19.09%	810.72	−0.35%
2010	1 664.06	6.71%	294.27	6.93%	77.43	−18.61%	252.06	7.68%	1 333.16	64.44%
2011	1 749.70	5.15%	323.48	9.93%	199.12	157.16%	286.84	13.80%	1 544.74	15.87%
2012	1 748.10	−0.09%	440.69	36.23%	205.40	3.15%	295.35	2.97%	1 737.06	12.45%
2013	1 879.31	7.51%	453.08	2.81%	227.53	10.77%	306.37	3.73%	1 786.28	2.83%

资料来源:根据抽样调查数据整理而得。

表 5-13　调查村 2007—2013 年老人各项支出占总消费支出的比重

年份	2007	2008	2009	2010	2011	2012	2013
食物支出占总消费支出比重	53.67%	52.43%	52.43%	45.96%	42.64%	39.49%	40.39%
衣物支出占总消费支出比重	8.39%	8.74%	9.25%	8.13%	7.88%	9.96%	9.75%
居住支出占总消费支出比重	3.49%	3.34%	3.20%	2.14%	4.85%	4.64%	4.89%
人情往来占总消费支出比重	6.57%	6.91%	7.86%	6.95%	6.99%	6.67%	6.58%
医疗消费支出占总消费支出比重	27.88%	28.58%	27.26%	36.82%	37.64%	39.24%	38.39%

此外，由表 5-12 与表 5-13 可以看到，调查村老人的人均食品支出占生活总支出的比例逐渐缩小，其恩格尔系数由 2007 年的 0.537 下降到 2013 年的 0.404（见表 5-14），这也体现了我国西部少数民族地区老人的生活水平在逐年提高，生活质量也日益改善。

表 5-14　调查村 2007—2013 年老人恩格尔系数的变化情况

年份	2007	2008	2009	2010	2011	2012	2013
恩格尔系数	0.537	0.524	0.524	0.460	0.426	0.395	0.404

资料来源：根据抽样调查数据整理而得。

在调查 7 村中（见表 5-15），食物支出和医疗费用的支出是老人支出的最大两项，本研究中食物支出是把老人自己种植的粮食、蔬菜等换算成价格，再加上其他副食的支出。因为农村在食物上基本能够自给自足，大多数的食物不用出钱购买，所以这部分支出不会对老人的生活构成压力。真正影响老人生活水平的开支是医疗费用，近年来农产品的价格有所增长，但其涨幅远远低于医药费用的增长速度。此外，样本户老人加入"新农合"的比例仅占到 74.34%，远低于全国 97% 的参合率。即使加入了"新农合"的老人，但由于门诊费报销比例低，住院费用本身就高，即使报销了大部分，很多家庭仍然承受不起剩余部分的费用，正是这些原因导致了许多老人生病更多的是"拖"而不是及时就医。

表5-15 2012年调查7村老人的支出　　单位:元/年

支出内容	新林村	冯家村	桥头村	安庆村	梓桐村	金龙村	茨开村	平均支出
食物支出	709	1 224	1 605	1 220	984	790	750	1 040
衣物支出	220	148	219	319	237	151	200	213
居住	0	292	0	455	0	42	0	113
人情往来支出	60	113	90	207	406	246	120	177
医疗费用	472	1 941	1 270	334	1 008	707	500	890
合计	1 461	3 718	3 184	2 535	2 635	1 936	1 570	2 433

资料来源:根据抽样调查数据整理而得。

老人的其他日常开支,诸如衣物支出、居住支出、人情往来支出,占老人总支出的比例较小,3项合计占老人总支出最低的是桥头村,为9.7%[①],最高的是安庆村,为38.7%,平均为20.67%。

(三) 调查村庄老人的养老需求分析

对于西部少数民族农村老人来讲,其生活保障需求包括食物及住所方面的需求、生活照料及情感方面的需求、医疗保障方面的需求和其他方面的需求。下面是7个样本村老人的养老需求情况。

1. 食物及住所方面的需求

1) 食物方面的需求

老人的食物需求是他们养老的基本生活保障需求,其主要来源是土地收成、子女供给和自我供给(包括购买)。从表5-16可以知,调查村的老人的基本生活需求是能够得到保障的,在食物支出中粮食、蔬菜占的比例最高,占养老需求的45.35%;其次是肉、蛋、奶和油,占养老需求的39.67%,这部分食物支出增加的根本原因在于农村大多数家庭自养了猪、鸡、鸭等禽畜,因此能够保障

---

① 根据表5-15数据计算所得,因篇幅所限,未列示计算过程。

表 5-16 2012 年调查村老年人食物需求及其支出表

老年人生活需求种类	年平均支出（元/年/人/）	供养途径	占养老需求的比例	老年人满意程度
粮食	650	自种或子女供给	26.32%	满意
肉、蛋、奶	660	自养或购买	26.72%	一般
油	320	购买	12.95%	满意
蔬菜	470	自种或购买	19.03%	一般
水果	370	自种或子女供给	14.98%	不满意
合计	2 470		100.00%	

资料来源：根据抽样调查数据整理而得。

其较高层次的饮食需求。对于农村老人来讲，最不满意的就是对水果的需求得不到满足，除了能够吃点自家种植的水果外，只有逢年过节时子女、亲戚会给他们送点水果。因此，这部分消费占的比重很小，仅占 14.98%。

表 5-16 表明西部少数民族农村老人的消费支出主要是粮食、蔬菜、肉、蛋、奶类。这部分消费支出的来源主要是土地产出和自养，少数部分需要到市场上购买，而到市场上购买物品则需要现钱，由此，本研究统计了村农民的人均纯收入的来源分布情况，由表 5-17 可以看到，农民土地性收入占总收入的比例逐年减少，副业收入占总收入的比例比较稳定，在 30% 左右，工资性收入与经营性收入占总收入的比例逐年增加，但增加的幅度都不大，财产性收入和转移性收入较为随机，历年来两项合计占总收入的比例都不超过 10%。由此可见，随着农村经济的转型，少数民族农民思想观念有了较大的转变，到乡镇企业打工的人数有所增加，不少农民也做起了小本生意，例如经营食杂店，购买翻土机、收割机帮他人翻土、收割赚钱。但对于农村老人来讲，由于受体力的限制，他们没有太大的兼职的机会，因此土地性收入仍然是农村老人的主要经济来源。

表 5-17　农民人均纯收入的来源分布

收入来源	2007年	2008年	2009年	2010年	2011年	2012年	2013年
土地性收入	36.24%	28.76%	26.92%	24.49%	21.86%	26.36%	28.26%
副业收入	33.53%	35.64%	34.53%	29.05%	30.53%	25.10%	27.88%
工资性收入	13.07%	15.11%	15.55%	16.53%	18.01%	27.22%	27.28%
财产性收入	2.86%	3.27%	3.13%	7.48%	5.75%	1.46%	1.03%
转移性收入	1.66%	1.90%	2.08%	1.90%	2.51%	4.65%	9.16%
经营性收入	12.65%	15.33%	17.78%	20.56%	21.35%	15.21%	18.02%
合计	100.00%	100.00%	100.00%	100.00%	100.00%	100.00%	100.00%

资料来源：根据抽样调查数据整理而得。

2）住所方面的需求

通过对7个村的调研，本研究发现绝大部分老人的住所比较简陋，床的铺设和被子都较为陈旧，他们大多数没有自来水，没有室内卫生间，没有浴室，洗澡主要是澡盆，由于没有室内保温设备，所以冬天更是难得洗上一回澡。对于少数民族地区的老人来说，一般女儿不负责养老，但逢年过节会给老人礼物和经济补贴。如果老人有几个儿子，一种情况是和其中一个儿子居住，其他儿子负责每月固定给老人生活补助；另一种情况是实行轮养，由子女轮流把老人接到家中赡养，如果父母亲两位老人都在的，有可能轮养过程中两个老人分别由不同的儿子供养；还有一种情况是老人独自居住，每位儿子按比例每月给老人生活费或粮食。独居的老人比例为25.22%，大部分独居老人的居住条件要比与子女一起居住的老人的居住条件差。

2. 生活照料及情感方面的需求

少数民族的传统观念比较浓厚，同一个民族多喜欢聚居在一起，他们思想品质较为单纯，子女一般都会赡养父母。由表5-18中数据可以看到，大多数的老人是与子女同住并能够得到子女的照顾，无人照顾的老人仅占5.31%。这部分老人主要表现在独身、离婚或无子女，因子女不孝不予赡养的几乎没有。随着"新农

表 5-18　2012 年老人生活照料获得情况　　　单位：人

生活照顾获得来源	新林村	冯家村	桥头村	安庆村	金龙村	茨开村	梓桐村	总人数	占比
与子女共同居住并得到照顾	11	33	51	13	35	4	22	169	76.99%
不同住但得到子女照顾	5	10	4	15	2	0	9	45	21.24%
无人照顾	0	0	0	2	4	1	5	12	1.77%
合计	16	43	55	30	41	5	36	226	100.00%

资料来源：根据抽样调查数据整理而得。

保"试点工作的实施,样本村老人参加"新农保"的占到44.25%。这部分老人的生活状况明显好于没有参加"新农保"的老人。

在被访人群中,大部分老人在生活上可以自理,完全不能自理的仅占7.08%,但这部分群体的生活状况不容忽视,由于子女的负担也很重,劳务繁忙,根本没有很多的精力来照顾老人,但是对于老人来说,他们还是非常希望子女能够经常回来看的,所以对于情感上的慰藉仍然是老人很大的养老需求。

目前农村养老院也没有建立起来,即使建了的,由于没有资金维护,也形同虚设,大多数处于空置状况,在其中一个调查村我们就看到,村里建立了一个养老院,但维持不到1年就没有资金了,在本研究课题组调研时仅仅看到一个长满杂草、青苔的空房子。表5-19即为样本村部分老人的日常生活状况。

表 5-19　2012 年老人日常生活状况

自理情况	人数（人）	所占比例
完全可以	147	65.04%
部分可以	63	27.88%
完全不能	16	7.08%
总计	226	100.00%

资料来源：根据抽样调查数据整理而得。

3. 医疗保障方面的需求

老人随着年龄的增长,各种疾病慢慢凸显,农村的老人如果生了一点小病,他们大多数选择拖着或到乡村医生那里买点廉价的药来吃,实在严重了才会到医院去看。由于西部少数民族地区农民大多分布在偏远、条件落后的山区,其医疗条件和医疗资源极其匮乏,老人常常会因为耽误病情而不治身亡。如表5-20所示,样本村226名老人中53.98%的老人都有慢性病,但由于承担不起大医院住院治疗的高额费用,仅有28.76%的老人病情严重了会由子女提供援助而住进医院治疗,有的老人因为家庭经济困难,即使病情严重也选择在家请乡村医生开点药治疗而不去医院救治,这部分老人对生活心灰意冷,抱着活一天算一天的想法,生活状况极其恶劣。

表5-20 2012年老人的健康状况　　　　单位:人

	是否有慢性病	去年是否生病	生病是否住院	是否卧病在床
是	122	143	65	33
比例	53.98%	63.27%	28.76%	14.60%
否	104	83	161	193
比例	46.02%	36.73%	71.24%	85.40%
总计	226	226	226	226
比例	100.00%	100.00%	100.00%	100.00%

资料来源:根据抽样调查数据整理而得。

4. 其他方面的需求

农村老人对衣物方面的要求较少,他们大多数觉得只要穿得暖和就可以了,并不要求穿得多好,少数民族妇女一般都有自制的传统服饰,在重大节日或有贵客来时穿。例如,本研究课题组调研中的佤族妇女,她们一生中需备制三套服装,少女时一套,少妇时一套,老年时一套,这些服饰都有讲究,用插在头饰中的绸花来表达一个女人的一生,少女时是花骨朵,少妇时是盛开的花朵,老年时是凋零的花朵。她们的衣服做工精致,很漂亮,但一般都不洗。在社交娱乐方面,少数民族相对于汉族来说,其娱乐方式更丰富多彩一些,除了汉族的节日外,各个民族还有自己的一些节日,如火把节、泼水节、达玛节、赶秋、开秧节等。在这些节日来临时,男女老少都放下手中的农活,载歌载舞一起庆祝节日。

二、西部少数民族地区农民养老保障制度现状分析

(一) 家庭养老为主,社会养老效果不理想

从西部少数民族地区调查村庄数据来看(见表5-9),7个调查村所有调查老人中有95%都是依靠家庭养老,可见,传统的家庭养老模式不管是在现今还是在未来相当长的时期内均起主要作用。具体来看,首先,家庭养老的主要承担者是子女,调查数据表明,子女在身边居住并照料的占76.99%,这种状况到今天也没有很大的变化;其次,子女不在身边但经常过来照料的占21.24%;最后,社区和政府工作人员过年过节来关心慰问的仅占1.77%。很明显,农村家庭养老保障机制是以儿女为主体的。

而从调查数据中社会养老部分来看,则非常不理想。首先,7个村65岁以上调查老人中已参加社会养老保险的人数仅占44.24%,远远没有符合全民覆盖的效果。而且养老经济支持中,社会养老仅占7.08%;养老方式中,机构养老居然为0。这说明西部少数民族地区农村社会养老保险制度推行20余年,收效并不理想,虽然各级政府特别是民政部门花了很大力气,但就整体而言,农村社会养老保险依然是参保率低、覆盖面窄,管理也存在着一系列问题。

尽管家庭养老是当前我国西部少数民族地区的主要养老方式,但这并不表示家庭养老就注定永远是农村养老保障的主体模式。这是因为目前我国并未确定农村养老保障的主体模式,并且家庭养老保障模式也并不排斥其他社会养老保险方式,因此我们不能因为家庭养老保障方式被群众普遍接受和认可,就忽视、否定或者消极地对待其他方式的养老保障。

（二）农村社会养老保险水平低,缺乏可持续性

当前,农村社会养老保险还存在保障标准低和政府补助缺位的问题,即使对于那些生活在相对发达地区的农村的人均收入水平较高的农民来说,其社会养老保险的水平也不容乐观。以云南省建水县为例,《红河州新型农村和城镇居民社会养老保险实施办法》规定,农民缴纳保险费用时,可以根据自己的实际情况分100元、200元、300元、400元、500元等5个档次缴费,通过调查发现,由于经济发展水平低,农民对社会养老保险制度缺乏信任等各项原因,当地农民投保时大多选择了保费最低的100元/年的投保档次。在不考虑通货膨胀等因素的情况下,如果农民在缴费15年后开始领取养老金,每月实际可领取65.79元,但由于财政资金不到位、物价飞涨等原因,农村社会养老保险实际上难以起到真正养老保障的作用。2015年7月,我国全面实施城乡养老保险制度"并轨",这一政策的实施有助于解决农村社会养老保险水平低的问题,但政府补助缺位的问题仍难以解决,还需要进行相关的政策研究。

（三）集体养老、社会救助养老以及商业养老覆盖面小

对于西部少数民族地区的农村而言,一般的集体经济并不发达,大多数集体养老保障方式仅限于"五保户"群体。西部少数民族地区的农村养老院也多由省或州市建设,村集体经济负责其运营,上级政府部门会根据入住的人员数按政策拨款,但由于村集体经济落后的现状,光靠上级部门拨款难以维持农村养老院的运营,因此,在我们调研中发现,大多数的农村养老院处于空置的状态,集体经济缺乏为全部的贫困农民提供养老支持的能力。而社会救助仅仅能给很少一部分老年人提供养老保障补助,并且社会救助的救助水平很低,救助范围也很窄,其补助对象只占全部老年人对象的0.4%。至于商业养老保险仅仅适合于农村收入水平相当高的那部分农村居民,很明显这部分农村居民所占的比重是十分有限的。由此可见,我国目前农村居民的养老现状不容忽视,绝大多数农民的养老保障问题还明显缺乏强有力的正规社会养老资源。

(四)农村社会养老地区间发展不均衡

西部少数民族地区农村社会养老保险地区间发展极不平衡,一些经济发展较好的地区建立了覆盖范围较大的农村社会养老保险制度,但多数地方农村养老保障制度不健全,参保率低,发展较为缓慢。本研究对选取的 7 个村庄参保情况的数据资料进行了比较。从表 5-21 可以看出,参加农村社会保险的比例最高的建水县冯家村达到了 69.77%,而最低的是金龙村仅为 19.51%,两者相差极为悬殊。2012 年参加农村社会养老保险情况如表 5-21 所示。

表 5-21 2012 年参加农村社会养老保险情况

调查村庄	调查总人数(人)	参保人数(人)	参加农村社会养老保险比例
桥头村	55	32	58.18%
冯家村	43	30	69.77%
金龙村	41	8	19.51%
梓桐村	36	19	52.78%
安庆村	30	24	80.00%
新林村	16	10	62.50%
茨开村	5	1	20.00%

资料来源:根据抽样调查数据整理而得。

第四节 西部少数民族地区农村土地与农民养老保障关系分析

一、西部少数民族地区农村土地对农民的养老支撑作用

(一)土地对农民的养老支撑

1. 农民对土地的态度

在问及土地能否支撑农民养老这个问题时,大多数的农民回

答"土地能够提供部分养老",回答"土地可有可无"和"土地是负担"的农民仅为总受访者的7%,如图5-1所示。由此可见,在我国西部少数民族地区,土地在农民养老保障中仍然处于不可动摇的地位,农民养老支撑的很大部分来源于土地收入。

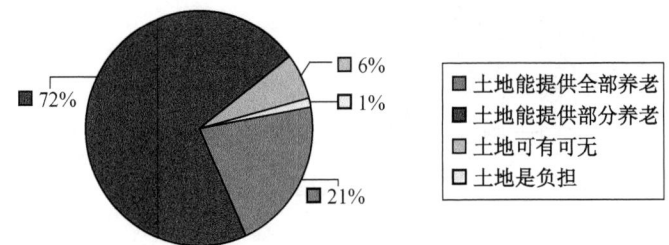

图5-1　2012年受访者对土地的态度

2. 土地对农民的支撑

如图5-2所示,当问及"您目前最重要的养老经济支持是什么"这一问题时,回答"土地收入"是最重要的养老经济支持的占53.10%,"农业外收入"为次之,回答"社会养老保险"是最重要的养老经济支持的仅占7.08%,没有人回答涉及"商业养老保险"。由此可见,目前在我国西部少数民族地区,土地对农民的养老保障起着绝对的支撑作用,仍然占据主要地位。社会、商业养老保险制度还处于一个低水平现状,在农民养老保障中仅处于一个非常次要的地位。

调查还显示,尽管土地收入是农民目前最重要的养老经济支持,但是光靠土地收入来养老还存在着一定的困难,如图5-3所示,当问及农民"靠种植收入来养老是否有负担"时,其中有74.78%的农民回答说"靠种植收入来养老有负担"。因此,虽然对大多数农民来讲,种植收入是他们重要的养老经济来源,但种植收入不足以支撑他们养老,他们还需要通过其他的副业来支撑其养老生活。

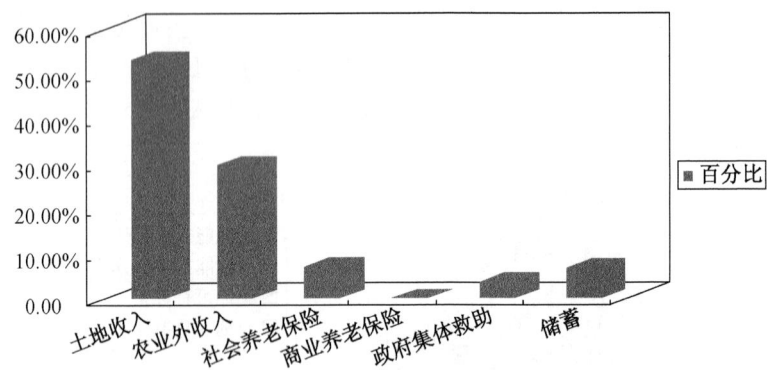

图 5-2　2012 年老人最重要的养老经济支持情况

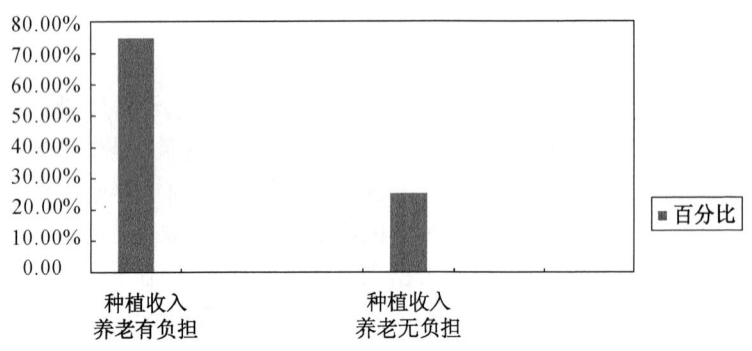

图 5-3　2012 年种植收入对农村老人的养老支撑情况

(二) 不同区域土地养老状况

本研究还调查了不同区域农民对土地能否提供养老支撑的态度，发达区域的农民回答"种植收入养老有负担"的比例最高，占到发达区域总人数的 79.59%，并且发达区域回答"农保有意义"的比例也最高，占到发达地区总人数的 98.84%，发达区域最重要的养老经济支撑中储蓄占到 13.46%，而其他两个区域中储蓄对养老支持的作用则很小。在3个不同的区域中,土地收入对农民的养老支撑作用最小的是欠发达区域,这主要是因为受访的欠发达区域虽然土地较多,但土地贫瘠,收成较小,因此土地收入不是农民最重要的养老经济来源,在欠发达区域,农民最重要的养老经济来源是农业外收入(在表5-22中,本研究把副业收入归为农业外收入一类),比如打零工、养猪、养鸡等的收入。因此,本研究由表5-22中数据可以得出结论,各个地区大多数农户的种植收入都不足以支撑养老,大多数农民认为农村社会保险有意义,少数认为"农保"无意义的是因为目前的农村社会保险金额太低,对他们的养老支撑作用甚微,所以认为其可有可无,无关紧要。在各个区域,土地收入和农业外收入是农民最重要的养老经济支持,社会养老保险所占比例很小,最高的不超过17%,由此可见,社会养老保险还处于一个低水平的状况,在农民养老保障中扮演的仅仅是一个次要角色。

表5-22　2012年不同地区种植户对土地养老的态度

	种植收入养老		农保是否有意义		最重要的养老经济支持					
	有负担	无负担	有意义	无意义	农业外收入	土地收入	社会养老保险	商业养老保险	政府集体救助	储蓄
发达区域	79.59%	20.41%	98.84%	1.16%	24.58%	52.46%	6.72%	0	2.78%	13.46%
一般区域	57.16%	42.84%	84.57%	15.43%	31.72%	55.77%	7.46%	0	2.22%	2.83%
欠发达区域	76.34%	23.66%	97.56%	2.44%	51.95%	24.64%	16.1%	0	4.88%	2.43%

资料来源:根据抽样调查数据整理而得。

(三) 土地对农民养老的宏观效用分析

1. 土地经营利用的总体状况

西部少数民族地区以农业为主,85%以上村民以种地为生,但从访谈和调查数据的分析来看,近年来村里就业方式和家庭收入都出现了多元化的趋势。正如村里部分农民对当前状况的描述,年轻人大多都进了一些种植业加工厂,只有他们的父辈在种地。

因此在对主业与副业调查中,约有58.23%农户认为农业是主业,超过41%的农户认为到工厂打工是自己的主业,农业种植已经成为了副业。但从总体上看,由于该地区产业化水平较高,土地基本上没有撂荒现象。

2. 农户对土地价值的宏观判断

土地对农民的效用源于土地的价值,当前农民对土地的价值判断是决定农民如何利用土地的重要基础。由表5-23的调查数据可知,认为土地的主要功能是生活保障功能的人数最多,占到总人数的42.92%,其次是土地的经济生产功能,认为土地的主要功能是养老保障功能的人数最少,仅仅占总人数的7.08%。由此可见,当前土地对西部少数民族地区农民的价值仍然更多地体现在土地的社会价值上,土地主要被人们视为维持其生活、就业和养老的重要保障。土地的价值属性作为土地内在本质性的东西,它不因人们的看法而存在或消失,但农民对土地价值的宏观取向却可以影响土地价值的发挥。人们过多看重土地的社会价值属性就可能会使土地的经济价值的发挥受到影响;反之,亦然。

表5-23　2012年西部少数民族地区农户对土地价值的判断

	人数(人)	百分比	有效百分比	累积百分比
生活保障功能	97	42.92%	42.92%	42.92%
经济生产功能	72	31.86%	31.86%	74.78%
失业保障功能	41	18.14%	18.14%	92.92%
养老保障功能	16	7.08%	7.08%	100.00%
总计	226	100.0%	100.00%	100.00%

资料来源:根据抽样调查数据整理而得。

3. 西部少数民族地区土地对农民的多重效用格局

分析土地对农民的价值仅仅通过上面的分析是不够的,为此,我们利用所获取的调查样本,利用统计分析方法分析土地对农民多重效应的变化。

首先,在问卷调查设计的过程中,我们设计了土地功效这一选项,并列出了土地对农民的可能功效,分为生活保障功效、就业机会功效、升值空间功效、子女继承功效、政府补贴功效,请农民对这些功效进行自我选择,即选择或填写他们所认为的土地功效;然后,根据他们自己的判断对选择的土地功效进行重要性排序;由我们依据选项重要程度的不同而依次赋予不同的权重。

其次,我们根据所获取的问卷调查数据,对所有 226 份有效样本进行了统计分析。分析的具体方法如下:

(1) 计算土地对第 i 个农民的总效用。设上述 5 个功效依次为 x_{i1}、x_{i2}、x_{i3}、x_{i4}、x_{i5},土地对农民 i 的总功效为 y_i,则得出以下的关系式:

$$\sum_{k=1}^{5} x_{ik} = y_i \qquad (公式 1)$$

(2) 因为每个农户的经济条件和自身状况都是有区别的,而且所赋予的权重值也有差异,所以土地的总功效所反映出的对比意义是有限的。为此,我们需要求出土地对农民的相对效用,从而计算出各土地功效 x_{ik} 对第 i 个农民的相对重要性。为了分析各种功效对农民的相对重要性,我们用(公式 2)来计算:

$$x'_{ik} = \frac{x_{ik}}{y_i} \qquad (公式 2)$$

(3) 从 x'_{ik} 的大小可以看出土地效用 x_{ik} 对农户 i 的相对重要性。如果所研究的对象为 n 个,则土地的各功效的相对重要性 x'_{ik} 对这些农户的均值 m'_k 有:

$$m'_k = \frac{\sum_{k=1}^{5} x'_{ik}}{n} \qquad (公式 3)$$

而且(公式 3)满足如下关系:

$$\sum_{k=1}^{5} m'_k = 1.00 \qquad \text{(公式4)}$$

最后,利用上述的统计分析方法,我们得出了不同土地使用目的对西部少数民族地区农民所具有的效用,如表 5-24 所示。

表 5-24　2012 年不同土地使用目的对农民所具有的效用

项目	生活保障	子女继承	就业机会	升值空间	政府补贴
相对效用均值	0.28	0.23	0.19	0.16	0.14

由表 5-24 可以观察到,目前土地仍是西部少数民族地区农民的重要生活来源,土地对农民的生活保障效用排在第一位,有很多人依然以土地为生。土地对农民的子女继承效用排在第二位。之所以该效用对农民的重要性很大,这主要是因为当许多农民年老时,"土地+家庭"的养老模式仍然是他们的重要养老方式,老人年纪大了之后,劳动能力减弱或至丧失,土地就交由其子女来耕作,子女将利用土地所获取的收入作为供养老人的重要经济来源,而老人也视土地为其从子女那里获得经济支持的重要依据,把土地的使用权留给子女,老人就有理由从子女那里获得养老支持。

土地对农民的就业机会效用排在第三位。当前,在西部少数民族地区,农业生产仍然是农民的主要工作内容,相对于汉族聚集地而言,西部少数民族地区的农民受教育程度普遍偏低,外出打工的人较少,因而,对于他们来讲,土地仍然是他们赖以生活的根本。尽管有少数农民会在农闲时在附近的农业企业或镇上的小型企业中打短工,但他们主要还是依靠土地作为其生活的重要来源和工作选择。

从表 5-24 我们可以看到,生活保障、子女继承和就业机会这 3 种土地对农民的效用排在了前三位,他们占土地对农民总效用的 70%。这些效用与农民的养老保障状况密切相关。这 3 种效用之所以对农民的作用如此之大,反映了农村社会保障在我国西部少数民族地区的缺失。这种缺失也将成为阻碍土地流转的一个重要因素。

二、西部少数民族地区农村土地维系的家庭养老模式

(一) 土地是家庭养老的基础

土地对于农村老人来说十分重要,通常土地是老人赖以为生的基础。从本研究的调研数据来看,土地收入和子女亲友提供几乎占了老人全部收入的2/3,其中,土地收入占了老人全部收入的1/3。

由此可见,农村老人自己有能力在土地上进行生产时,土地的产出就成为老人的主要收入来源,作为养老的主要经济支撑;当老人不愿意或者没有劳动能力进行耕种时,大多数的老人把土地交给子女亲友来种,由子女亲友提供老人的日常经济消费。

此外,从不同区域来看,发达区域老人的人均耕地面积最小,土地收入对老人的养老支撑作用也最小,占老人养老总费用的比例不到1/3;欠发达区域土地收入对老人的养老支撑作用最大,约占老人养老总费用的2/3。在养老费用总支出上,发达区域比欠发达区域的老人每年多支出1 240.50元,是欠发达区域老人养老费用总支出的1.64倍,如表5-25所示。

表5-25 2012年不同区域65岁以上老人土地收入情况

区域	人均耕地(亩)	土地年人均收入(元/人)	养老年总费用(元/人)	土地收入支持
发达区域	0.39	648.50	3 176.50	22.21%
一般区域	2.03	913.33	2 393.33	38.18%
欠发达区域	0.60	1 200.00	1 936.00	61.98%

资料来源:根据抽样调查数据整理而得。

这说明,相对来说,发达地区老人的生活状况更好一些,对土地的依赖程度也要低一些,经济来源更广阔一些,传统的家庭保障功能要比欠发达区域弱。

(二) 家庭是农村老人养老的主要支撑

表5-26中所涉及的不同方案如下:方案A:经济由子女供给;方案B:自己有积蓄,自己供养自己;方案C:社会养老保险解决资

金。选择经济由子女供给的占到了69.03%,排在第一位,而选择其他两种方案的较少,由此可见,从全国范围来看,家庭保障功能在不断弱化,但在西部少数民族地区,家庭养老仍然是农民的主要养老保障形式,这与农村社会保障制度不健全在西部少数民族地区更加凸显、更加严重有着密切的关系,以至于农民在客观上不得不继续依靠传统的养老保障模式。2012年农民对养老经济来源选择如表5-26所示。

表5-26　2012年农民对养老经济来源的选择

	方案A	方案B	方案C	合计
人数(个)	156	52	18	226
所占比例	69.03%	23.01%	7.96%	100%

资料来源:根据抽样调查数据整理而得。

(三)家庭养老是农村养老的主要方式

家庭养老是我国几千年遗留下来的优良传统养老模式,农民年轻时养育子女,在年老后就由子女来赡养。根据7个村的调查情况,子女与老人生活在一起的比例平均为74.78%,这个比例仍然相当高,并且,即使老人不与子女同住,但往往也住在一个村里面,这样,老人更容易得到子女在生产和生活上的就近照顾,在老人有能力自己劳动时,子女和子女也可以互相帮助。在调查的7个村中,与子女不在一个村居住的比例只有5.31%(见表5-27)。

表5-27　2012年调查7个村老人与子女居住方式

居住方式	新林村	梓桐村	冯家村	桥头村	安庆村	金龙村	茨开村	总人数	比例
与子女同住	11	22	33	51	13	35	4	169	74.78%
与子女分家,同住一村	5	9	10	4	15	2	0	45	19.91%
与子女不在一村	0	5	0	0	2	4	1	12	5.31%
合计	16	36	43	55	30	41	5	226	100.00%

资料来源:根据抽样调查数据整理而得。

以下是本研究课题组在调研过程中的部分访谈录。

访谈材料 5.1：田某，男，70 岁，老伴 65 岁，儿女均已成家，住在本村，不与子女同住。老两口基本上 1 个月花销不超过 100 元，没有什么额外花费，食物主要是自己种的粮食，油也是自己种花生榨的，就买肉花点钱，有时儿女也会送些吃的过来。（冯家村）

访谈材料 5.2：王某，女，66 岁，老伴 67 岁。育有 2 子 2 女，目前和小儿子一起过，一共 6 口人。1 年饮食上花费也就 1 000 元左右，自己没有什么花钱的地方，孙子孙女在镇里上学花费大，1 年一个孩子学费 3 000 元，吃住花费 8 000 元，校服和学习用具费用、回家路费加一起也要 800 元，主要是孩子花费大。有钱随着孙子孙女花，老人吃饱穿暖就很满足了，没有什么要求。（梓桐村）

访谈材料 5.3：马某，88 岁，老伴 85 岁，育有 3 儿 3 女。儿子都在本村成家单过，女儿嫁在邻村，都有慢性老年病。过去两位老人身体没有大的毛病，可以自己照顾饮食起居，在房前屋后小院种点蔬菜，有 2 亩多地，给小儿子耕种，小儿子给口粮，其他儿子不定时给点零花钱。现在老两口年纪太大，腿脚不好，自己不能做饭，房子暂时不处理。3 个儿子经过协商采取轮养的办法，每个儿子赡养老人 4 个月，到时间下一家就把老人接走。对于这样的养老，老人觉得可以，说现在子女事情多，在任何一家长期住下去都会添很多麻烦，也会引起矛盾冲突，这种情况在别的地方也很普遍，老人也觉得可以接受。（桥头村）

访谈材料 5.4：庄某，男，71 岁，老伴 68 岁。有 4 子 1 女，老两口和小儿子一家三口同住，其他子女在城里打工。儿女们会给买新的衣服，但是太贵了，没必要，买了他们也压箱底不穿，所以以后就不给买了。在穿着方面不讲究，穿的都是在城里的儿女的旧衣服，穿暖就行，现在老两口在村里还算时髦的。自己买点内衣袜子什么的，1 年用不了百八十块钱。村里有的家庭困难的老人衣服都是别人穿剩给的，老人不怎么买新衣服。（茨开村）

访谈材料 5.5：赵某，女，73 岁，老伴 75 岁，育有 1 女 2 子，儿子都已成家,老人不和子女一起吃住,老两口现在住小儿子的平房。老伴常年卧病在床,她自己也有慢性病,身体不是很好。大儿子说:"老两口和我们住得很近,我们每天都可以过去看看。儿子们每人每月给老人200元,经济情况好的时候也会多给一些,家里家外忙不过来,没时间和精力照顾老人起居吃喝。"(安庆村)

访谈材料5.6:白某,男,72岁,老伴去世2年,自己一个人住。没事的时候自己经常在大队看看报纸,听戏(收音机),不怎么喜欢看电视,村里要一起装电视时就没给他装,到四川地震时给装上了。白某就看看新闻,了解一下灾情,但是字幕有的太快,白某跟不上,戏的字幕慢能看着;听收音机能听清楚,不知道怎么电视看不清。有时白某会去找一些老头、老太太看报纸,也跟他们聊聊天。(金龙村)

访谈材料5.7:王某,男,75岁,老伴76岁,共有5个儿子,和小儿子同住。自己身体还算硬朗,没有什么大病,没事的时候还种种地,浇浇水什么的,现在村里正在征集村民看山防止火灾或荒化,王某打算去看山。几个儿子常常在节假日回来看望老两口,给他们留些钱,买些东西。儿子多,老人跟前断不了人,自己也觉得儿女还挺孝顺。(梓桐村)

访谈材料5.8:孙某,女,67岁,老伴去世2年,自己一个人居住在老房子里。孙某的子女不在身边,但是在农村,邻里之间串门聊天的可以相互照料。由于农村生活物价比较低,所以平时也花不了多少钱,而且孙某的子女每次回家的时候都会给她买很多吃的用的穿的。但尽管如此,老伴不在了,孙某还是觉得心里比较空虚,生活天天都是一个模样,而且每天的睡眠不足4个小时,孙某最盼望的就是过年过节时子女们可以回来和她做个伴。其实她也知道,孩子们工作都很忙,工作压力大,也非常体谅子女,毕竟子女都很孝顺,这还是值得欣慰的。因此自己也很想得开,只是希望子女没事常回家看看,毕竟人老了想找个人说说话聊聊天。(新林村)

访谈资料 5.9：张某，男，61 岁，老伴 62 岁，和儿子一家三口一起生活。农村人就是祖祖辈辈都这样，村里也有到广州、深圳打工的，没有文化，有的 20 几岁年轻人都不识字，只能干体力活，1 个月挣不到几百块钱，还不如在家里种地。现在种粮有国家补贴，大棚蔬菜种好了也挺赚钱，就是需要有足够的劳动力去侍弄。1 年收入万八千的，够一家老小生活了。(桥头村)

访谈资料 5.10：白某，男，61 岁，老伴去世，自己单独过，有两间老房子，现在村里进行新农村建设，把地征了以后，虽然有补贴，但是也不够花。以前有地可以种些粮食蔬菜什么的。等上了年纪以后，没有地了，买什么都要花现钱，担心以后的生活来源。(冯家村)

访谈资料 5.11：赵某，女，65 岁，老伴 66 岁，老两口在上海的儿子家帮忙带孙子，从孙子出生到现在 5 岁一直带着，年轻人忙没有时间带孩子，已经 4 年没有回老家了，两个儿子都考上了大学留在城里工作，乡下现在没有子女。在乡下有 2 亩地，开始给亲戚种，亲戚的孩子出去打工，剩下老两口忙不过来，土地就荒了。因为还要给另一个儿子带孩子，也不打算回去了，所以后来村里改造就把地交回村里了。(冯家村)

访谈资料 5.12：马某，女，71 岁，老伴 74 岁。家里只有老两口生活，育有两儿两女，女儿嫁到外村，两儿子都在外地工作，老两口有 2 亩多地，年纪大了身体不好，把地转包给别人，每亩地转包费每年 1 000 元，1 年土地的收入 2 000 多元，平时在园子种点蔬菜，口粮到市场去买。老人觉得这样养老很好，不愿给儿女添麻烦，她觉得农民就是靠地吃饭，饿不着冷不着。(桥头村)

三、西部少数民族地区失地对农民养老造成的影响

(一) 失地使农民获得经济补偿

随着西部少数民族地区的发展，城市化进程的加快，经济开发区的建立，城市道路交通网络的改造和建设等无不需要占用更多

的农村土地和城郊土地。政府在征用土地的同时,为这些农民提供了有力的资金补偿与后续安排,其中,我们对四川省的调查资料显示,对于一些在城市打工,不依靠土地和农业生产作为其主要生活来源的农民,当土地被征收后,他们能比较容易地调整其生计策略,利用其他生计活动,如打工收入来降低生计风险。此外,四川省政府及相关部门考虑到失地农民的就业及社会保障等各方面的问题,先后出台了一系列文件和措施来保障和改善失地农民的生计,使他们失去土地后不至于失去生活保障。并且这些保障标准会根据社会整体经济水平的增长而进行适当的调整,以保证失地农民的基本生活,免除他们的后顾之忧。

(二)失地使农民生活陷入困境

城乡二元体制使失地农民成为了边缘化的一个特殊群体,他们既是失去土地享有土地权益的农民,也是难以享受市民待遇的市民。土地是农民最主要的生产、生活资料,而且也是重要的社会保障载体,更是农民政治权利的映射,他们失去的不仅仅是土地本身。

1. 农民失去土地后,生活水平下降

这主要表现在农民的收入方面,农民在失去土地后,其收入就会随之减少。这主要是因为两个方面的原因:一是由于一些以种地为主要收入来源的农民,因为征地而减少了其土地资源,从而也减少了附着于这部分土地上的收入,少的1年达几千元,而多的1年可能达到几万元,如云南剑川县的一些失地农民,在土地征用前进行蔬菜、水果和烟叶种植,经济收入相当可观,有些家庭年收入高达8万~9万元,但自从土地被征用后,他们就失去了这部分的土地种植收入,其年收入也就随之而减少了。二是由于失地农民缺乏新的收入来源与途径。对于西部少数民族地区的农民而言,因为其传统观念和文化水平的制约,导致他们普遍不愿出去打工,失去土地后,也多是就近打打零工谋生。而对于那些家庭主要劳动力年龄偏大的农户来说,失去土地后更是难以找到合适的谋生手段,没有固定的收入,光靠少量土地和国家补助维持其生活显然是不够的。土地附着物减少,以前可能不需要买甚至还有多余的,现在可能需要购买了,生活消费成本的增加和收入的减少导致农民的生活水平下降。

2. 失地农民的就业问题更为突出

就业是民生之本,是人们改善生活的基本前提和途径。失去土地后的农民,特别是那些以土地为其主要收入来源的农民,失去了发挥其效用和特长的平台,失业率就高。一部分失地农民失去土地后,因为找不到适合的工作,除了种植剩余的少量土地外,其余时间就赋闲在家;另一部分农民,虽然找到了工作,但是工作极不稳定,有可能刚就业就面临下岗,失业现象较为严重,很多失地农民常处于失业的状态。产生这种问题的原因主要有三个:一是因为很多西部少数民族地区失地农民的文化水平普遍偏低,中老年农民中没读过书、小学毕业的占到绝大多数,年轻农民读到初中毕业的也不多,更不要说高中毕业了。年龄偏大的,过去以种地为生的农民,无技能或技能单一,就业缺乏竞争力,即使打短工企业都可能不要,因而在招工用工市场化的条件下,他们就难以找到适合自己的工作岗位;二是部分年轻的失地农民对就业期望过高,希望找份既轻闲干净又工资待遇高的工作,而现实生活中却难以找到这样的工作,面对粗活、脏活、重活,他们怕吃苦,对于较为轻松的工作又嫌工资太低,这种拈轻怕重的思想导致他们经常处于失业状态;三是因为失地农民缺乏经营管理能力、管理技术和原始资本,加之信息闭塞、交通落后和物流条件差等因素的影响,他们对风险的承受力低,不敢创业,自主创业的失地农民少之又少。

3. 失地农民的医疗问题和养老问题无法得到保障

西部少数民族地区的农村社会保障制度还很不完善,关系到农民切身利益的医疗保障和养老保障问题尤为突出。现阶段,在西部地区广大农村实行的新型农村合作医疗制度,还远不能解决农民看病难、看病贵的问题,尤其是对于那些生活在偏远山区的少数民族农民更是如此。此外,西部少数民族地区的农村养老主要依靠家庭养老,养老机制很不健全。对于失去土地的农民,特别是对于那些城郊结合带完全失去土地的农民,失去土地后转为城镇居民,由原来参加农村医疗保险和养老保险转变为参加城镇医疗保险和养老保险,但由于参加较高档次的社会保障的费用较高,可能卖土地的钱还不够,一般儿女又不会给予支持,因此通常他们选择较低参保档次,领取的养老金有限,医疗保障水平较低,从而难以完全支撑其老年生活,他们生病和养老仍需部分依靠自己的儿女。

4. 失地农民身份转变以后所面临的新的难题

农民失去土地以后,真正意义上的农民身份已经不存在,他们的角色有了很大的变化。"十二五"期间,李克强总理提出了加快推进新型城镇化建设,失地农民理所当然地将被纳入城镇居民的一部分。"十二五"规划强调,要加强城镇化管理,要把符合落户条件的农业转移人口逐步转为城镇居民作为推进城镇化的重要任务。在这种新的环境和新的政策下,农民传统的生活方式已经被打破,失地农民在身份转变以后将会面临新的难题。

(1) 农民身份转变以后生活成本提高,日常消费支出比重加大。传统的农民日常生活大部分都是自给自足,在没有失去土地之前,农民们可以自己进行农业生产,对吃不完的农产品可以拿到市场上卖,增加收入,他们的生活算不上很富裕,但是他们过得很幸福。然而他们失去土地以后,他们就由农村居民转变为城镇居民,日常的生活消费都需要依靠市场来解决,所有的生活必需品都要到市场上买,日常消费的支出在整个消费支出中的比重将会加大,对市场高度依赖,在失去土地以后,他们本身就没什么收入,这样就加重了他们的生活负担,天天都在奔波,他们的幸福指数就越来越低。

(2) 传统的生活方式被打破,失地农民要逐步适应城镇生活。在没失去土地之前,农民们不用为吃、穿、住、行操心,房子可以自己盖,吃的可以自己种,然而农民失去土地之后,政府虽然会对失地农民(主要是政府占用了其宅基地的那部分农民)进行重新住宅安置,但是他们原先舒适安逸的生活已被彻底打破。他们以前的农村生活方式与现阶段的城镇社区生活方式区别很大,部分失地农民已经习惯了农忙而作,农闲走家串户与五邻四舍闲聊、玩耍的生活,骤然改变原来的生活方式,他们常常感到非常不适应,不适应城镇的快节奏和人与人之间的距离感,其生活的安适度下降。

(3)失地农民的业余文化生活发生改变。那些转为城镇居民的失地农民,由于长期受传统小农思想的影响,其思维方式、生活方式、传统观念、文化娱乐爱好等都与城镇居民存在着很大差别。农民失去土地转为城镇居民以后,由于这些思想观念的影响,导致失地农民不能很好地融入城镇居民的文化生活,从而影响农民对城镇生活的归属感,造成失地农民业余文化生活的匮乏。

第五节 西部少数民族地区农村土地流转对农民养老保障的影响分析

一、土地流转与农村养老保障的关系

在我国,土地长期以来就是农民生养死葬的根基,特别是土地对农民的保障作用具有不可替代性。当前,西部少数民族地区正式的社会保障制度还不完善,土地仍承载着对农民的较高的保障功能。但随着工业化和城市化进程的加快、社会经济转型的要求和土地集约化、产业化、规模化大生产的发展,农村土地渐渐出现了不同方式、不同程度的流转。在很多地区,特别是经济相对发达的农村地区,农民就业多样化和收入多元化的趋势使农民对土地

的依赖程度大大减弱。土地对农民的保障效用减弱,经济生产和投资的效用增强,这使土地对农民的效用结构发生了很大的变化。

从表面上看,在土地对农民效用的结构性变化中,土地的保障功能正在经历从强到弱的变化,甚至在一段时间内,受一些外部因素的影响,这种变化还在不断波动。但从深层次上讲,之所以会出现这种变化并不是偶然的,它有着深层次的原因:一般来说,土地和农民之间的效用关系是由土地的两种价值决定的,由土地对农民多重效用结构的内部失衡所引起的,是土地对农民多重效用结构重新构造的一个结果。

(一)土地价值的二重性

1. 土地具有的价值

土地的价值表现在两个方面:其一是社会价值;其二是经济价值。土地之所以具有经济价值,是因为它将人类劳动、资本和土地资源结合在一起,通过生产活动,生产出产品。经济价值主要是通过这些要素得以体现出来。土地所在的位置、土壤的性质、土地经营的方式等也会影响到土地的经济价值,当上述各因素发生改变后,土地的经济价值也会随之改变,正因为如此,农民在利用土地时才会存在各种差异。就土地产出来讲,在土地上种植相同的农作物后,如果产出较多,说明土地有较高的经济价值,如果产出较低,说明土地的经济价值相对就小;在土地肥沃程度上,一些肥沃的土地能够产出更多的产品,经济价值就高,而贫瘠的土地产出少,其经济价值较低。此外,土地还能发挥多项功能,如承载、养育、保障等,土地的利用方式是多种多样的,人们可以利用土地来发展交通,兴建水利工程,建设住宅等,同时土地也能为人类提供基本的物质保障。正因为土地能够发挥养育、保障等功能,所以它还具有社会价值。

2. 经济价值和社会价值的关系

当社会制度、农业技术和经济条件相对固定时,就性质方面来讲,土地的社会价值和经济价值是统一的,就数量来讲,这两种价值是相对立的。虽然土地价值包含了这两种价值,但因为它们在量的方面表现出对立性,所以效用结构受到影响后也会随之改变。具体来讲,土地具有的两种价值的关系主要表现包括:

第一,土地具有的社会价值是由其经济价值决定的。要想让土地实现社会价值,必须使土地的经济价值得以体现。将土地当成是生产资料可获得一定的经济产出,农民还可从中获得物质生活所需。这说明,如果土地没有经济价值,它的社会价值也就无从谈起,简单来讲,假如土地不能够产出或产出不足,它就无法发挥社会价值。

第二,土地具有的经济价值受到其社会价值的影响。土地具有社会价值,主要表现在土地能够为人类提供粮食,满足人们生存所需,推动农业和农村经济的发展。截至2013年年底,我国总人口达到13.6亿,而我国的粮食自给率已跌破90%,粮食安全问题不容忽视。此外,根据第六次全国人口普查结果,在我国总人口中,有一半为农村人口,在农村地区,大多数农民都是通过耕种土地获得生活所需,在西部少数民族地区更是如此,土地需为这部分人提供基本的生存需求。我们必须重视土地的这些社会价值,如果这些社会价值无法实现,土地的经济价值也会受到影响。

(二)土地效用的多重性

1. 土地的效用构成

土地具有经济价值和社会价值,其主要的表现是对农民有多方面的效用。例如,生活保障、升值、经济收益、政府补贴、就业机会保障等效用。

农民在利用土地后能够获得一定的收益,这部分收益就是土地发挥的经济效用。目前,土地的经济效用可通过多种多样的途径来实现,其表现包括:①农民利用土地直接获益;②农民和他人签订租赁合同,将土地转租出去,获得租金;③农民将土地作为资本入股,从而获得红利。此外,土地还能发挥生活保障效用,其表现包括：①农民通过耕种土地可获得物质生活所需，农民利用土地获取其日常生活所需的粮食、蔬菜、水果等，保障其生存需要；②因为我国目前的社会保障体系还不完善，农民还依赖土地为其提供各项保障，也就是土地承担了某些社会保障功能；③农民通过土地可获得就业机会，说明土地具有升值效用。

2. 土地效用结构的变化

农民所处时代不同，土地发挥的效用也存在差异。土地的效用受到许多因素的影响，如社会政治、经济等因素。例如，当人们处在自然经济时代，商品数量较少，商品交换匮乏，人们的生活方式是自给自足，所以人们非常重视土地所具有的社会价值，土地所发挥的效用是使农民获得物质所需。当人们处在商品经济时代后，人们不仅看到土地所具有的社会价值，更重视土地所具有的经济价值。在某些产权形式下，土地也将被当作商品来买卖和流通，此时土地所具有的经济价值产生了巨大的宏观效用，这也是土地的主要效用。

就土地功能的变化情况来看，土地发挥的效用格局的变化趋势是固定的，即均衡—不均衡—均衡。这说明，就某一时期来讲，土地发挥的各种效用在内部是均衡的，但外部环境会影响到这种均衡，并使内部难以维持这种均衡，此时土地的效用会随之改变，经过一段时间后，又会在内部重新形成均衡态势。例如，在某一地区，土地资源多，但人口较少，此时土地的产出并不多，该地区经济落后，土地供求保持在平衡状态，此时土地主要发挥保障效用；假如土地资源少，人口较多，土地有较高的产出，当地经济发达，土地供求就会失衡，此时土地发挥的保障效用并不明显，它的经济产出效用会成为主要效用。这样原来形成的均衡会被打破，并且形成新的均衡。又如，农民和农地有着密切的联系，农民的生存和家庭的延续都不能脱离土地，就农民来讲，土地发挥着重要的保障功能，土地发挥着社会效用；反之，对于城市，作为商品的土地则主要承担经济收益功能，其经济效用更为突出。然而，需要强调的问题是不应该过分看重土地发挥的某一种效用,而不重视土地发挥的整体效用,只有全面看待土地的效用,才能逐渐建立新格局,切实维护农民的各项权益。

(三)各种因素带给土地效用的影响

1. 社会保障对土地保障的替代效用

社会保障在许多方面发挥着重要作用,它可以使人格尊严得到维护,还能缓解各种冲突矛盾,如今许多人都认识到社会保障的重要性,并自愿参加各种社保活动,许多国家在宪法中列入了社会保障。社会保障权利是公民的一项基本权利在1954年我国公布的第一部宪法中就被确认了。就人权角度来讲,社会保障既要做到普遍,也要覆盖所有居民。在我国,社会保障不是城市居民的专属品,农村居民也应享有这一权利。随着社会经济的发展,国家不断出台了新的政策和措施,我国农村土地保障将逐渐被社会保障所替代,这体现了社会保障对土地保障的刚性替代作用。

国家和政府对农村社会保障的重视和国家财政的稳定支持将使我国的社会保障制度不断完善,社会保障发挥的作用也将越来越明显,它可以弥补土地保障自身的缺陷,也能削减各种自然灾害带来的风险,当农民年老后,他们的劳动能力会丧失,社保可以让他们获得物质保障,一些国家经济较发达,因此建立了完善的社保体系,使更多人获得了保障。因为社保和土地保障有着密切的关系,所以人们如何选择土地保障也受到社保的影响,就保障效果来讲,后者可发挥替代效应,代替前者。

近年来,我国相继出台了各项有关社会保障的法律,并且不断扩大社会保障的覆盖面,社会保障的保障水平逐渐提高,它在代替土地保障方面发挥着重要作用,而土地发挥的生活保障效用逐渐被弱化。农村居民通过参与社会保障获得了生存资料,他们不再过分依赖于土地。农民的顾虑减少后,他们积极参与土地流转当中,农业实现规模化生产,获得了良好的经济效益。所以,观察社会发展情况可知,农业经济的发展和农民生活保障已经逐渐分化,土地发挥的功能也越来越多样化。

2. 土地保障抵抗风险的能力逐渐减弱

工业社会的发展,使许多家庭风险变为社会风险,此时农民已经无法依靠土地来防御风险,因为家庭难以抵御更多的外部风险。加之社会风险的种类不断增多,危害不断扩大,此时土地保障效用越来越弱。

3. 工业化和城市化的发展使土地经济效用增加

在农业社会时期,如果农民失去土地,意味着他们失去了生存的基础,土地对农民的保障效用很高,当进入工业社会时,土地具有了较明显的经济价值,农民从土地中获得的经济收益大于土地发挥的保障作用。最近几年,城市化步伐不断加快,一些农村地区出现了许多微小型企业,农民开始从土地中解放出来,他们通过参与非农劳动获得收益,对土地的依赖性逐渐减少。一些农民将土地出租出去获得收益,此时土地的经济效用不断增加。

(四)农村养老保障受到土地流转的影响

目前,许多居民逐渐认识到社会保障的重要性,而且土地保障无法有效抵御社会风险和自然风险,但土地具有的经济价值越来越高,随着城镇化进程的加快,越来越多的农民愿意参与土地流转。在城市的郊区结合部,很多中小型企业的新建,以及农业规模化、产业化的发展,使土地的经济价值快速提升,打破了原有的土地多重效用格局。但对于西部少数民族地区而言,由于当前农村社会保障发展水平较低,土地并没有完全实现规模化,因此仍未形成新的效用格局。土地流转的出现,提高了土地的经济价值,土地经济效用逐渐增强,其他效用逐渐减弱,如土地的保障效用,过去的土地保障方式无法再满足农民的需要,但新的保障制度尚未健全,新保障体系建设的滞后影响和制约了农民土地流转,从而制约了我国农业产业化和规模化的发展。

就本质来讲,受到政策和市场经济的影响,土地发挥的保障效用逐渐减弱;在量上,土地价值逐渐失去平衡,从宏观角度来看,土地发挥着越来越多的效用,新的效用格局逐渐呈现出来。如今,在土地发挥的所有效用中,有几个效用非常明显,包括升值效用、经济效用和保障效用,农民对这几种效用的依赖程度不同。近年来,我国建立的市场机制越来越完善,农地流转速度加快后,土地发挥的经济价值受到人们的重视,此时它发挥的保障作用不断减弱。这给过去的社会保障体系带来了巨大的影响,农村地区的养老保障体系原本存在诸多缺陷,加之新旧体系之间缺少必要的过渡,严重阻碍了养老保障工作的开展。

我们应当看到,这些影响既有积极的一面,也有消极的一面,需一分为二地来看待这个问题。虽然土地流转在提升土地经济价值后给农村养老保障体系带来了冲击,但它也促进了土地功能的分化,使我国农业实现了快速发展,同时推动了社会保障体系的建立和完善。因此,土地流转对于农村社保工作的开展起到了推动作用。它不仅使土地效用格局得以重新构建,还使养老保障体系得到了健全和发展。

二、土地流转对农民养老保障的影响

(一)土地流转对土地养老保障功能的影响

农村土地的有序流转可以为农村养老保障制度的建立增加资金保障,完善土地流转制度,可以使土地转入方和土地转出方均获益,可以实现土地的集约化生产,打破我国长期以来分散小农经营导致的资源浪费,节约生产成本,使规模化经营得以实现,这样可以大大提高农业的生产效率,进而增加农民的农业收入。

通过土地流转可以将土地资产转化成为土地资本。从土地流转收入对农村老人收入的影响来看,在2007—2013年这7年里,土地流转收入平均占农村老人农业收入的3.26%,平均占农村老人总收入的0.998%,2013年农村老人土地流转的收入平均数(以户为计量单位)较之 2007 年仅仅上涨了 1.99 元,上涨率为 6.49%。我国西部少数民族地区的农村老人土地流转收入占其农业收入的比重很低,土地流转收入不能对农业收入产生较大影响,从而对土地的养老保障功能也不能产生较大的影响,如表 5-28 所示。在非农业就业水平高的地区,农村土地流转收入对农村土地养老保障的直接影响水平更低。从另外一个层面来看,这也显示了我国西部少数民族地区的土地流转水平相当低,低于其他的发达地区,由于土地流转水平低,从而对土地养老保障的影响也就不明显了。

表 5-28 调查 7 个村老人土地流转收入占其农业收入、总收入的比重

年份	土地流转收入占农业收入的比重	土地流转收入占总收入的比重
2007	3.41%	1.17%
2008	3.43%	1.11%
2009	3.13%	0.96%
2010	3.25%	0.91%
2011	3.08%	0.84%
2012	2.99%	0.82%
2013	2.87%	0.79%

资料来源:根据抽样调查数据整理而得。

(二)土地流转对农民养老保障行为的影响

1. 土地流转租金上涨对农民养老保障行为的影响

在调研中当问及样本户农民"假设土地流转租金上涨,你是否愿意加入新型农村社会养老保险或增加缴费额"这一问题时,有 26.44% 的被调查者愿意加入新"农保"或增加缴费额,有 47.42% 的农户认为,要看租金能上涨多少,上涨得多就愿意加入;反之,则不愿意加入,还有 26.14% 的农户认为,这两者之间不存在直接的联系。由此可见,对于西部少数民族地区的农户,其土地流转租金

的多少对其参保行为影响较大。

2. 不同收入水平农户对"土地流转是否断了农民养老保障后路"的态度

在本研究的抽样调查中,当问及"您认为土地流转后,农村老人是不是断了养老保障的后路"这一问题时。在这些调查者中收入越高的,土地收入占其总收入的比重就越小,态度不明确的比例越来越大,赞同的比例越来越小。由此可见,土地流转对农村老人的养老保障后路的影响是因人而异的。在态度明确者当中,认为"是"和"不是"的分别占态度明确者的52.18%和47.82%。赞成者的比例大于反对者的比例,这说明虽然土地流转收入少,对土地的养老保障功能影响不大,但是西部少数民族地区农民对土地的依赖程度仍然较高,他们不愿将土地流转出去。具体调查情况见表5-29。

表5-29 2012年农户对"土地流转是不是断了养老保障后路"的态度

人均收入水平	土地收入所占收入比重	认为"是"者所占比例	认为"不是"者所占比例	态度不明确者所占比例
低收入组(0~3 000元)	33.21	27.24	23.29	49.47
中低收入组(3 000~5 000元)	24.36	25.92	21.98	52.1
中高收入组(5 000~10 000元)	18.43	24.2	22.55	53.25
高收入组(10 000元以上)	11.45	19.29	20.13	60.58

资料来源:根据抽样调查数据整理而得。

由表5-29中数据可知,在态度明确的被调查者当中,随着农民收入水平的提高,认为土地流转会断了农村老人养老保障后路的人数所占比例一开始是上升的,在中低收入组达到最大值(25.92%),随后又逐渐下降,在高收入组达到最小值(19.29%)。这表明农民在收入水平较低时,随着收入水平的提高,农民对土地的依赖程度在升高,而在农民收入水平较高时,随着收入水平的提高,农民对土地的依赖程度在降低。

对于不同收入群体来说,其土地收入所占比重相差颇大,高收入组土地收入所占比重最小,较之低收入群体低21.76个百分点。也即是随着农民收入水平的增加,其土地收入占总收入的比重是在下降的,且下降的幅度较大。

在农户各种类型的收入中,土地收入和与土地有关的副业收入占农民总收入的比重最大,达到1/2以上,对于农民来说,特别是中、低收入水平的农民来说,增加其土地收入对于增加其社会养老保障支付能力有着重要的影响。这就要求农村土地流转,一定要有利于提高农民的生产积极性和农业生产效率,在实行土地规模经营的基础上,要有利于增加农民的土地耕种收入,进而增强农民的社会养老保障支付能力。

三、农民养老保障制度对土地流转的影响

农民养老保障制度对土地制度的影响主要表现在对土地流转的影响。农民养老保障制度的健全是农村土地经营权流转机制的一个必要条件。任何制度都不是孤立的,其效率的高低不仅取决于其自身的效果,而且取决于与其相关的其他制度的运行状况。因此,当前我国在进行农村社会养老保险制度改革时一定要考虑农村土地制度这一现实基础。

(一) 农户土地流转意愿与实际流转情况

从本研究前面的调查中,可以发现,西部少数民族地区土地流转处于一个低水平现状,愿意流转出土地的农户少于愿意转入土地的农户,还存在着土地需求大于土地供给的现象。此外,在被问及"您愿意将自家的土地以出租、转包、买卖、互换和入股等形式进行转移吗"这一问题时,有39.38%的农户表示愿意转出,如图5-4所示。而实际上,在调查数据中有土地转出行为的农户只占总农户数的11.95%。当问及"您愿意租入土地来从事经营活动吗"这一问题时,有43.78%的农户表示愿意,有41.07%的农户表示不愿意,而实际上,调查数据中有土地转入行为的农户只占总农户数

的13.72%。农户的流转意愿明显高于农户的实际流转情况,这表明农户的土地流转意愿与土地的实际流转情况是相互矛盾的,其原因就在于农民担心土地流转出去后,不能得到固定的收入,无法应对诸如年老、生病、失业、贫困等风险,只有消除农民的社会保障方面的后顾之忧,才能有效地促进我国西部少数民族地区的农地流转。见图5-4。

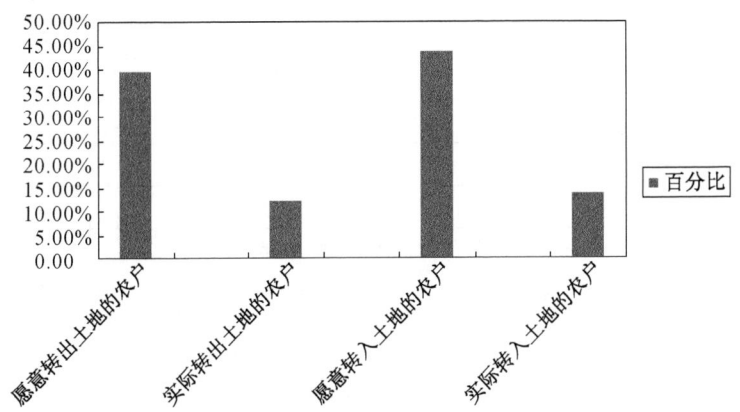

图5-4 2012年农户土地流转意愿与实际流转情况的差距

(二) 农民养老保障对土地流转影响程度分析

1. 分析方法介绍

考察西部少数民族地区农民养老保障对土地流转的影响程度的分析,在此处我们采用了前面已经介绍过的因子分析法和灰色关联度分析法。利用的是2012年的调研数据。

2. 西部少数民族地区土地流转影响因子的选取

农户土地流转的影响和制约因素有很多,诸如家庭收入状况、家庭劳动力数量、土地流转市场的成熟度等,本研究在总结前人研究的基础上,依据调查问卷的量化结果,结合西部少数民族地区的区域特点,筛选出以下14个制约西部少数民族地区农民土地流转的主要因素,如表5-30所示。

表 5-30　西部少数民族地区农民土地流转的制约因素

目标层	因素层	因子层	变量
农户土地流转制约因素	人口因素	家庭总人口/人	X_1
		户主受教育年限/年	X_2
		农业劳动力数量/人	X_3
	经济因素	家庭总收入/元	X_4
		家庭非农收入/元	X_5
		家庭总开支/元	X_6
		家庭人均食品消费支出/元	X_7
		土地流转价格/元	X_8
		地区经济发展水平/元	X_9
	土地因素	家庭人均耕地面积/亩	X_{10}
		家庭土地流转年限/年	X_{11}
		土地承包亏损发生率/%	X_{12}
	其他因素	养老保险参保率/%	X_{13}
		粮食安全保障率/%	X_{14}

3. 因子分析过程与结果

按照因子分析的方法和思路，对选定的 14 个因子进行数量分析，得到相关系数矩阵、变量共同度、特征值与因子贡献率、旋转因子荷载矩阵、因子得分系数矩阵等。由表 5-31 可知，只有前 4 个因子的特征值大于 1，且 4 者的累积贡献率高达 92.266%，这说明这 4 个因子已经足够反映原始数据的内容，因此取前 4 个因子作为公因子。此外，因子分析的变量共同度非常高，除了两个变量的共同方差大于 0.67 小于 0.8 以外，其余所有变量的共同度都在 0.8 以上，说明提取的因子已经包含了原始变量的大部分信息，因子提取效果非常理想。为了更好地了解各变量之间的关系，对分析结果采用方差最大旋转，得到旋转后的因子荷载矩阵（见表 5-32）。

表 5-31 特征值和主成分贡献率

成分	初始特征值			提取平方和载入			旋转平方和载入		
	合计	方差的百分比	累积	合计	方差的百分比	累积	合计	方差的百分比	累积
1	5.957	42.553%	42.553%	5.957	42.553%	42.553%	5.8	41.426%	41.426%
2	3.069	21.922%	64.475%	3.069	21.922%	64.475%	3.011	21.509%	62.935%
3	2.174	15.53%	80.005%	2.174	15.53%	80.005%	2.067	14.764%	77.699%
4	1.717	12.262%	92.266%	1.717	12.262%	92.266%	2.039	14.568%	92.266%
5	0.813	5.808%	98.075%						
6	0.27	1.925%	100.00%						

表 5-32 旋转因子荷载矩阵

变量	第1主成分	第2主成分	第3主成分	第4主成分
家庭人均食品消费支出/元 X_7	0.958	0.184	−0.125	−0.07
土地承包亏损发生率/% X_{12}	−0.958	0.129	−0.182	0.121
家庭总收入/元 X_4	0.939	0.145	0.112	0.157
家庭总开支/元 X_6	0.938	−0.083	−0.041	0.317
家庭非农收入/元 X_5	0.93	−0.11	0.194	−0.271
家庭土地流转年限/年 X_{11}	0.848	0.192	0.072	0.477
养老保险参保率/% X_{13}	−0.033	0.928	−0.209	0.188
粮食安全保障率/% X_{14}	0.24	0.855	0.19	0.165
地区经济发展水平/元 X_9	0.261	−0.829	0.285	0.37
户主受教育年限/年 X_2	0.215	−0.076	0.788	0.071
家庭人均耕地面积/亩 X_{10}	0.59	0.173	−0.756	−0.143
农业劳动力数量/人 X_3	0.311	0.643	0.654	−0.196
家庭总人口/人 X_1	0.016	0.247	−0.123	0.835
土地流转价格/元 X_8	0.041	−0.308	0.406	0.795

根据因子分析的原理，4个公因子之间不具有相关性，而每个公因子与所包含的变量之间具有高度的相关性。由表5-32可以看到，家庭人均食品消费支出、土地承包亏损率、家庭总收入、家庭总开支、家庭非农收入、家庭土地流转年限与第1公因子相关性较大，其中家庭人均食品消费支出与土地承包亏损率的荷载系数绝对值最大，达到0.958，成为第一公因子的主要成分。且通过因子分析得到的相关系数矩阵发现，这两个变量与家庭总收入、家庭开支、家庭非农收入、家庭土地流转年限高度相关，说明在这6个变量中，家庭人均食品消费支出与土地承包亏损率对土地流转的影响最大。

在第2公因子中，荷载绝对值较大的是养老保险参保率、粮食安全保障率、地区经济发展水平，其中，养老保险参保率的荷载系数最大，为0.928，它更能有效解释第2公因子。

第3公因子与户主受教育年限、家庭人均耕地面积、农业劳动力数量的相关性最大，其中户主受教育年限的荷载系数最大，为0.788，它最能有效解释第3公因子。

第4公因子与家庭总人口、土地流转价格的相关性最大，其中，家庭总人口的荷载系数最大为0.835。该变量与土地流转数量呈正相关，即家庭总人口越多，农民越愿意进行土地流转。由此可以得出，西部少数民族地区农户土地流转的制约因素是农户家庭人口特征、农户的土地特征、现有经济状况、农户的安全保障需求4个主要部分。

根据上述因子分析结果，为了进一步了解这些主要因素对西部少数民族地区农村土地流转影响程度的大小，利用灰色关联度的分析方法对上述因子分析得到的公因子的主要成分与农村土地流转之间的关系进行分析。根据因子分析原理，线性组合中各变量系数的绝对值大者表明该因子主要综合了绝对值大的变量，即公因子主要成分为各公因子成分中绝对值最大的变量，也就是家庭人均食品消费支出、土地承包亏损率、养老保险参保率、户主受教育年限和家庭总人口。

4. 灰色关联度分析

1）灰色关联度计算

我们以对7个西部少数民族地区进行调研的数据来提取公因子主要成分，并以西部少数民族地区土地流转数量为参考数列，记为$Y_0(t)$，以家庭人均食品消费支出、土地承包亏损率、养老保险参保率、户主受教育年限和家庭总人口为比较数列，记为$Y_i(t)$ ($i=1,2,\cdots,5$)，t表示不同的家庭，本次抽样调查的有效样本数为226，所以$t=1,2,\cdots,226$。对参考数列和比较数列运用均值法进行初始化处理，使之无量纲化，然后利用灰色关联度软件计算得到关联度ξ_i，此处设分辨率为$\rho=0.5$。由此得到西部少数民族地区土地流转数量与所选取的公因子的主要成分的灰色关联系数和灰色关联度，并得到这5个主要成分对西部少数民族地区农村土地流转影响程度的排序，如表5-33所示。

表5-33 西部少数民族地区农村土地流转与
其主要制约因素之间的灰色关联度

地区	Y_1	Y_2	Y_3	Y_4	Y_5
关联度	0.72	0.58	0.61	0.6	0.65
关联序	1	5	3	4	2

2）结果分析

灰色关联度分析结果表明，上述5个制约因素对于西部少数民族地区土地流转的制约程度不同，但其灰色关联度都在0.5以上，说明他们的关联性较好。各制约因素对农村土地流转的制约程度从大到小的顺序依次为：家庭人均食品消费支出＞家庭总人口＞养老保险参保率＞户主受教育年限＞土地承包亏损率。

通过因子分析和灰色关联度分析我们可以看到，农民养老保障制度对农村土地流转的影响非常大，仅次于家庭人均食品消费支出和土地承包亏损率，也就是养老保险参保率每发生1单位的变化,农村土地流转数量就发生 0.61 单位的相应变化。由此可见,农民如果没有养老的后顾之忧,就更愿意进行土地流转。

(三) 完善的农村养老保障制度对农户土地转出的影响

农村养老保障制度的建立与完善对农村土地制度改革有着重大的促进作用,这主要是因为一旦农民没有养老、医疗等后顾之忧时,土地对农民的意义就会从以生存需要为主转为以经营需要为主,土地流转情况就会得到改善。在被问及"假如您的土地流转出去后,政府和转入土地者能够解决您养老的后顾之忧时,您是否愿意将土地流转出去"这一问题时,69.35%的被调查者表示愿意,实际愿意转出的比例为 10.31%,另外 20.34%的被调查者回答"不愿意"。愿意转出土地农户所占的比例比不愿意转出土地农户所占的比例要高 49.01 个百分点,比实际转出土地农户所占比例要高出 59.04 个百分点。这说明,如果能够解决农民社会养老保障的问题,土地流转的情况将会得到巨大的改善,具体如图 5-5 所示。

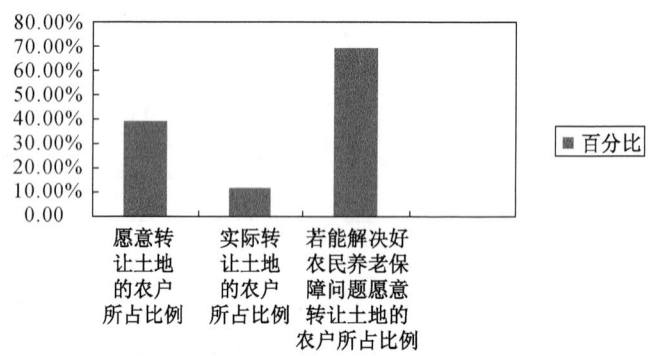

图 5-5 解决好农民养老保障问题对农户土地转出的影响

由此可见,农村土地的有效流转需以完善农村养老保障为基础,只有真正能够实现农民的"老有所养,老有所依"时,农民才敢把手中的土地流转出去。

本章采用对调查数据进行分析的方法,研究了西部少数民族地区农村土地流转及农民养老保障的情况。调查数据显示,我国西部少数民族地区目前的土地流转水平很低,低于东部和中部地区。例如,课题组调研样本中的云南省少数民族地区,这里的少数民族农民多住在偏远、经济落后、路况不佳的山区。他们的旱地偏多,而田地却相当少,即使有田地的农户也多为"雷响田",因为关不住水,水稻的亩产很低,一般不超过400斤/亩,在天干时可能颗粒无收。有好质量水田的农户较少,有些地方的旱地里山石嶙峋,土层薄,1亩地可能只有1/3亩能够用来种植农作物,可想而知,这样差的土地种植出来的农作物产量肯定非常低。从本研究课题组与当地农民的交谈中,课题组了解到没有水田的少数民族农民多种植旱稻,旱稻的产量要比水稻的产量低得多,种植得最好的亩产也不超过600斤,一般只有300~400斤的亩产。另外,课题组还了解到,即是有水田的农户,其亩产也一般只能达到800斤左右。而在平原或丘陵地区的汉族农民,其水稻的亩产一般能超过1 000斤,这个数字远远高于西部少数民族地区农民的稻谷亩产量。

　　正是因为这样的情况,西部少数民族地区的很多农民不敢把土地流转出去,他们担心土地转出去后,自己吃饭存在问题。如果农民把土地流转出去后不仅对其生存没有影响,而且政府和社会还能够为他们提供养老、医疗等社会保障,相信将会有更多的农民愿意转出自己手中的土地,从而打破我国目前的这种分散经营的小农经济,促进我国尽快实现土地的规模化经营。

　　此外,根据调查结果分析各项数据表明,我国西部少数民族地区大多数农村老人仍然依靠传统的家庭养老,其主要的养老资源来自于土地收入和子女供给。一般情况下,他们的食物和住所能够得到满足,但在生活照顾、医疗保健以及精神慰藉等方面则相当贫乏。

　　对于西部少数民族地区的老人,土地是他们养老物资的重要来源,因此土地对他们来讲具有养老保障的功能。在这样的背景下,只有在农村老人的养老保障能够得到解决的情况下,他们才会愿意将手中的土地流转出去,也因此,西部少数民族地区的农村养老保障机制改革应该早于农村土地制度改革,尽快解决农民土地流转的后顾之忧,才能促进农村土地的有效流转和城镇化进程。

第六章
西部少数民族地区土地流转制度下农民养老保障机制创新

我国的养老保障机制的革新应考虑我国农村的政治制度、文化以及家庭等一些基础的条件,而不能"照搬""套用"西方国家的模式,使其成为一种"移植性"模式。西部少数民族地区既受国家制度的制约,又有自身独特的民族文化以及家庭文化,对西部少数民族地区农村养老保障创新模式构建的研究就更应该侧重其自身的民族多样性、家庭文化以及制度文化等方面。

第一节 西部少数民族地区农村土地流转制度下农村养老保障机制创新的总体思路和主要内涵

我国是一个农村人口占全国总人口近70%的发展中国家,中西部地区由于经济发展水平不高,所以农村的发展相对更闭塞,区域发展十分不平衡,特别是西部少数民族地区。近年来,随着国家土地流转政策的颁布与实施,农民的养老状况也发生一定的改变。因此,西部少数民族地区农村养老保障模式的构建必须立足于西部地区土地流转的现实水平,从各地区的实际出发,构建一个多层次、多元化的新型养老保障模式。

一、机制创新的总体思路

由于国外的发达国家也没有通用的养老模式,在整个西部少数民族地区,甚至全国范围内都不能复制套用现成的养老模式。谈到农村养老模式在西部少数民族地区出现的问题,以土地流转为出发点,通过借鉴国内东部地区的农村养老方面的经验,对农村的养老保障模式进行一系列的优化配置,结合西部地区农村经济和文化固有的特殊性,使新型养老保险制度融入西部农村,发挥其作用,使更多的社会机构参与其中,从而进一步督促社会去承担一些养老责任,这可以说是关于西部农村未来养老保障模式的总体设想。具体思路是:一方面,要完善西部少数民族地区的土地流转政策,以便为其筹集养老保险资金起到一定的作用,另外需要中央和地方政府起主要作用;另一方面,在农村新型社会保险制度实施过程中,发挥土地养老以及传统家庭养老的积极作用,因地制宜地优化结构;鼓励社区志愿组织、宗教组织、社会慈善事业等社会组织来补充西部少数民族农村养老保障的队伍,扩大农村养老机构范围。

二、机制创新的指导思想

在邓小平理论和"三个代表"重要思想的指导下,结合西部少数民族地区养老保障在土地流转背景下的实际情况,进一步推进西部大开发战略,落实科学发展观,并加大财政投入,从而满足西部省份失去劳动能力的农民的基本生活需要,共同构建城乡一体化的养老保障方式。共享经济社会的发展成果,努力实现全面建设和谐社会的宏伟目标。

三、机制创新的主要目标

西部少数民族地区以土地流转制度为基点,在明确思想的基础上,建立与当地的家庭结构特征、制度文化、老龄化程度、收入水平等相适应的农民养老保障体系,解决好现实中即将面临的养老问题,实现人口与环境的可持续发展,提升人们的生活质量,改善西部民族地区经济不发达的现状。同时要缩小与中东部发达地区经济发展的差距,改变由于长期的城乡二元经济结构格局所带来的二元社会保障,赶超中东部地区的农村养老保障水平,从而实现各族人民"老有所依"。

四、机制创新应遵循的基本原则

1. 最低生活保障原则

要想农民养老保障制度实施得好,先要使农民的最低生活水平有所保障。也就是说,对于失去劳动能力的农民,他们应获得能够足以维持他们的最低生活需求的养老金。我们应当根据收入最少的那些农民来制定养老保障方略。在西部省份,养老保险的交费水平由于农民的储蓄少,收入低而变得很薄弱。

2009年9月份国家发布文件《关于开展新型农村社会养老保险试点的指导意见》,高度重视个别区域的个人和集体缴费能力低的现实情况,作出了西部省份的基础养老金标准由国家财政予以全部补贴的决定,为避免"旧农保"养老金标准固定不变而且保障水平过低的缺陷,政府根据物价变动及社会发展情况,调整新农保养老金的最低标准。每月55元的养老金领取标准,和我国当前的生活物价水平不相适应,甚至不能满足当前一致认为的农村最低生活水平。2011年国内新的扶贫标准是每人191.7元/月,即把每人每年收入在2 300元以下的农民视为贫困农民,相比2009年来说,这个标准提升了92%,可是和世界银行提出的每人每天花费低于1.25美元的标准比较还少很多。有关专家调查发现,按现在的市场价算,土地流转出去后,每年转包一亩耕地收入大约在100~300元,我国西部少数民族地区农民户均耕地大约是5亩,在个别地方要少一些,对于5亩地而言,用于流转的土地得到的转包费在300~900元左右,每月平均而言仅有不到百元的收入,加上养老金,也仅有百元左右。仅仅依靠这些钱,是没有办法维持基本生活的。立足于国内当前国情,物质收益较少还不能支付高标准的养老保障金,为了让农民生活得有面子,支付的养老金的底线不应该低于农民的最低生活标准需要。

2. 效率公平原则

社会保障机制是为了补充收入分配的不均而制定的一种补充制度,具有浓厚的公平色彩,是为了弥补由于寻求经济增长速度而导致的分配不均衡而制定的一种安全体系,来实现社会平等目标,它历来被认为是以损害效率为代价来促进的公平。马克思主义的观点认为,由于无产阶级及广大的劳动人民努力奋争建立了社会保障制度。针对我国经济发展水平落后的现状,自改革开放以来,我国曾一度坚持"效率优先、兼顾公平"的分配原则,这在很大程度上是以损害农民的社会福利来换取经济的迅速增长。学者罗尔斯在阐述效率和公平的关系时提到:"自然的自由体系坚持:实现了效率目标的、其中各种地位是向全部可以并且甘愿去努力寻求他们的人开放的,会造成一种正义的分配,此种分配权利与义务的形式被设想为制定出一套分配计划的基础,在此计划中采用平等的形式分配收益与财富、权利与义务,而不注重分配的结果。"效率原则必须通过社会保障制度这种方式得到补充才能成为一种正义观。作为天生就是弱者的农民,在大工业时代背景下,依靠市场分配原则得到公平待遇简直就是天方夜谭,因此必须根据农村的实际情况来补偿农民,否则城乡差距会越拉越大。2013年,我国城镇居民与农村居民在人均可支配收入上的比值为3.03:1(2013年全国农村居民人均纯收入8 896元,2013年城镇居民人均总收入29 547元,其中人均可支配收入26 955元),而2013年的上一年此收入比例是3.10:1。原国家统计局负责人邱晓华对于城乡人民收入相差较大的问题曾经指出:"统计数据显示比例是3:1,现实比例或许是5:1甚至6:1,而全球大部分国家的城乡居民收益比例仅为1.5:1。"如果将教育、医疗等要素加入进来,预计城乡居民的真正收入会更加悬殊。

根据有关资料,国家不平等的福利支出加大了城市和乡村之间的收入差距,城乡之间的福利公平急需解决。对于养老保险费,政府少部分的补助不能解决农民交保费的问题。作为新中国发展的建设者和缔造者,农民作出了重大贡献,他们奉献了数额巨大的资金来推动国家经济的增长,在福利待遇方面按理来说应当得到平等对待。自从1978年打开国门后,部分土地征用机制的不完善导致农民应当得到的利益得不到保障,国民经济飞速发展了,农民却没有摆脱贫困的局面。既然我们的国家富强了,城市富裕了,理应加大对农村社保障资金的投入,增大对农民的转移支付程度,构建并完善全体农民的养老保障机制,而不是对农民的补助满足不了农民的基本生活需求。此外,还应该建立城乡制度衔接机制,加快城乡统筹的步伐,让更多的农民能够享受到满足其基本生活需求的待遇水平。目前,土地流转趋势使土地的保障功能受到巨大的冲击,这就要求我们国家应该高度重视农民养老问题,健全其养老保障体系,满足农民养老的基本生活需求。这也是体现社会发展成效,使农民分享社会经济带来好处的现实途径。

3. 多元化原则

我国西部少数民族地区农村由于长时间以来采用土地养老与子女养老为主的养老保障方式,当前又遇到城镇化速度增快、老龄化增长迅速、土地流转等的冲击,加之我国经济发展的趋势和特有的国情,其农民养老保障体系的构建具有独特的特点,既有机遇,也有挑战,所以我们应依据当前农村的现实状况,构建与农村相对应的有侧重点的多元化的农村养老保障机制。

第一,立足于中国国情与农村的现实状况,我们应当利用所有能够利用的资源,拓展思路,激发国家、团体、企事业单位、个人养老的积极性,让新类型农村社会养老保险机制、五保制度、贫困救助制度、商业保险、合作医疗、公益活动一起发挥作用,即在国家的方针制度指导下,构建多样化的养老保障机制。包括但不限于以下几个方面:土地流转以后的农业合作组织等单位,应当担负农民养老的部分义务;家庭或个体应当担负一些个人缴费义务;推动构建城乡互帮体系,大力利用城镇中的社会力量来促进农村经济的增长,协助农民养老保障机制的构建。各个主体明确责任分工,让更多的人来分担责任,重点还是政府的保障标准应该高于国家贫困线补助的水平,担负起保障农民养老的最低生活需求的责任。

第二,对于不同人群的农村,不同类别的农民,建立多层次的养老保障体系是重点。随着经济的发展,改革力度的加大,农村、农业和农民已经发生了翻天覆地的变化。据调查,目前我国西部少数民族地区的农民大致可以分为:城镇化进程中和土地流转中的失地农民、居住在农村的"职业农民"、乡镇企业职工、进城务工的农民及其家属等。显然由于类别不同,农村的生活风险和收入情况存在差距,相应地对养老保障的需求也存在不同。本研究所探讨的重点在土地流转中的失地农民、居住在农村的"职业农民"和进城务工的农民及其家属关于农村养老保障体系的构建,在农村工厂工作的人员也要划入城镇居民养老保障系统中。

第三,因为每个区域的经济发展水平不同,因此构建的养老保障机制也是不同的。国家对于贫困程度较大的区域应当增大补助力度,采用特殊模式予以照顾。对于经济比较发达的区域而言,采用保险类型的保障方式比较恰当。另外,应该鼓励支持传统的家庭养老模式,为了促进农村社会的和谐稳定应该建立相匹配的激励机制,让家庭得到精神慰藉,养老体系得到健康发展。同时,还应该针对不同的地区相应地确定不同的农村五保供养制度、农村最低生活保障制度、农村医疗制度标准,完善农民养老保障机制,建立与西部少数民族地区农民基本生活需要相对应的养老保障机制。

第二节 西部少数民族地区土地流转制度下农民养老保障机制创新的制度文化基础

制度和文化之间的关系比较复杂,两者之间相互联系、相互包含。制度是成文的行为规范,文化是不成文的行为规范,两者相辅构成,缺一不可。在农村养老保障制度创新模式构建中,只有把"文化"制度化,构建的农村养老保障制度才有保障力,也只有把"制度"文化化,构建的农村养老保障制度才有生命力。

一、制度基础

(一) 制度背景

1. 土地流转制度

2001年,为了在政策上明确部分发达地区土地规模经营中出现的使用权流转问题,中共中央制定了关于土地流转的18号文件,此文件指明了土地流转的发展方向。2002年8月29日,为了保证农村土地承包制度能够长期稳定,保护农民在土地上的流转权、使用权和收益权能够实现,全国人大通过了农村土地承包法。为了制止各种乱批乱占农村土地的行为以确保农民土地使用权得以实现,2003年7月18日,国家有关部门下发关于暂时停止审批所有类型开发区的紧急文件,而且在7月底举行了进一步规范土地市场秩序的专门会议。2004年1月18日,国土资源部透露五部委将彻底查处全国土地批租市场的信息,并且大力清查9起违规圈地案。

然而,基于西部少数民族地区特殊的地理自然环境,再加上少数民族的文化背景,使土地流转制度在西部少数民族地区的推广产生障碍。

2. 西部大开发政策

2000年12月27日,中央政府正式颁布出台了《国务院关于实施西部大开发若干政策措施》的重要文件。中央政府的号召和重要文件的颁布出台,标志着中国实行西部大开发战略迈出具有实际意义的重要一步,拉开了西部大开发的序幕,使我国经济建设的重心从东部沿海向西边省份移动,进而全方位促进西部地区经济的发展,提升我国的整体实力,推动我国经济的增长。西部大开发的目标就是从根本上转变西部地区比较落后的社会现状,提升西部人民的文化和物质生活质量,且以此为突破推动我国经济的增长、社会的进步。

西部大开发不是简单地通过增加国家的投资来实现较高的经济增长率,而是通过系统的开发,使西部实现经济现代化,赶超沿海经济发达地区,最终实现全国的共同繁荣和人民的共同富裕,维护民族团结、社会稳定和国家安全。因此,西部大开发作为一个重要的经济发展战略,不但在经济方面具有重要意义,而且在政治方面也具有重要意义。西部的强大、安定与经济的增长,与各族人民的切身利益息息相关,与我国市场经济的深入发展和社会主义现代化建设的总体形势息息相关,与我国的长期稳定息息相关,与我国的富强昌盛息息相关。为了成功推行西部大开发战略,要充分考虑西部地区的历史和现状,立足以经济建设为中心,从实际情况出发,弄清阻碍西部大开发实施的多种原因,如社会安定状况、文化存在的不同、自然条件、民族宗教等,针对不同问题运筹帷幄,提出合理的解决方案和应对措施。然而,西部的民族问题在这些影响西部大开发战略实施的各种因素中是最突出的。

实施西部大开发战略以来,为了明确国家实行重点支持西部开发的政策措施,国务院颁布了《关于实施西部大开发若干政策措施的通知》,主要涉及以下几个方面:扩大对内对外开放,增加资金投入,吸引人才,改善投资环境和发展科技教育的政策。随后在原来政策的基础上,发布《关于西部大开发若干政策措施的实施意见》,更加具体地阐述了扩大外商投资领域、优先安排建设项目等措施。2004年3月,为培育增长及深化经济体制改革,发展农业和农村的基础设施建设,国务院出台了《关于进一步推进西部大开发的若干意见》,这些举措深化和发展了某些领域。国务院各部委为支持西部大开发建设,出台了财政、税收、投资、价格、外经贸等优惠政策,如在西部优先部署基础设施建造与能源发掘工程;理顺资源类型的产品的价位,提高西部人民自我发展的能力;实施统一的中央财政支付制度,逐渐增大对西部地区的资金支持;加快西部改革开放的速度,指引外来资金助力西部经济发展;增大对落后地区的扶持力度,积极扶持西部省份的经济发展;增强东西地区的经济、技术协作,加强对西部人才的培训和东西交流。

国务院各部委办出台的一系列支持西部大开发的优惠政策和措施,确保了政策的延续性和西部大开发总体战略的有效性。政府作为国家权力的执行机关,在社会事务中充当着重要角色,除了维持社会秩序,还承担社会、政治、经济、文化生活诸方面的发展任务。但不同文化传统与制度背景的国家,政府在社会事务中扮演的角色与发挥的作用有所不同。与我国的大一统、中央集权的文化、制度传统相关联,我国政府介入社会公共事务的领域和程度也更为广泛而深刻。这是我国从计划经济体制转向市场经济体制过程中,探讨政府职能问题所重视的历史背景。

目前,在国家相关政策和资金的支持下,西部大开发工作正在稳步健康积极地发展,效果显著,成绩斐然,使西部的社会经济进入了一个 GDP 发展的重要历史时期。主要表现为社会经济运行平稳顺畅,GDP 的增长又快又稳,工业化与城市化的发展迅速,特别是固定资产投资增势强劲,地方财政收入高速增长,经济的对外合作水平不断提高,国内市场与社会消费需求明显扩张。尤其是近年来公共基础设施的建设规模不断扩大,投资环境和生态环境进一步得到改善,不仅使西部大开发中的各个经济领域充满了巨大发展动力,取得了非同一般的经济成绩,而且促进了西部地区居民生活的稳步提高,为西部大开发创造了一个良好的发展开端。

在实施西部大开发战略过程中,必须要时刻坚持以人为本的社会价值理念,要充分认识到,西部大开发战略的实施,不仅只是为了发展社会经济,更主要的是要解决民生问题。从根本上讲,社会经济的发展归根到底就是为了人的福祉,就是为了更加有效地解决民生问题。人不仅应该成为社会经济发展的创造者,而且应该是社会经济发展的最终受益者,这是现代政治最基本的理念,昭示着政府未来的社会管理方向。

在西部大开发战略实施过程中,西部特色农业建设取得了一定发展,但是由于受农业生产条件差、生态环境恶劣、公共基础设施落后、建设资金匮乏等因素的影响,因而仍然存在着一些问题,主要表现为以下几个方面:第一,西部地区农产品的商业化生产程度不高。第二,西部不仅农村社会化公共服务程度较低,而且产业组织的发育水平也较低。第三,西部政府服务体系远远跟不上农业发展的需要,政府应该改进服务理念和工作作风。第四,重资源、轻市场、盲目发展、结构类同,在很大程度上导致了资源的大量浪费、产品销售困难、资金周转不灵及低水平过度竞争等后果,严重制约了西部农业健康快速的发展。第五,产业链比较短,农产品加工环节比较薄弱,产品市场的竞争力差。第六,劳动力素质偏低,思想意识落后。第七,经济发展与科技水平落后。第八,对外开放程度较低,严重制约外向型经济发展。

(二)制度创新中的路径依赖

美国经济学家诺斯发展了人口统计学家布雷恩阿瑟提出的路径依赖的概念,成了20世纪末和21世纪初新制度经济学研究的热点问题。诺斯强调指出:"人们过去作出的选择决定了他们现在可能的选择。"从中可以看出人们对以往路径的依赖性,所以路径依赖在今天的现实经济中仍然起着作用。制度创新是一场革命,其根本目的就是要实现从计划经济向市场经济的转轨,这是一个经济转型过程,也是一个很关键的制度改革过程,此过程本身体现出路径依托的特征。首先,选择的初始体制使得现存体制存在一定的惯性,毕竟沿着既定的方向和原有的体制发展,相对于另外寻求新的体制来说要方便很多;其次,当一种体制成型后,很自然地就会在现存体制中有既得利益的集团。他们为了自身利益,阻碍新的变革,为巩固现有制度不惜放弃更加有效率的新体制。在于某些特殊原因他们被迫接受改革的情况下,也会使变革最大化地满足他们的既得利益。因此,这就造成了初始的改革为后继的改革划定了范围。改革的成败与否不但要看既定的目标模式和改革者的主观愿望,最初所选择的路径也是关键点。我们更应该慎之又慎地作出关于改革的决策,避免改革选取了不正确的路径,应考虑的不仅是当前采取决策的直接效果,关于它的长远影响也是考虑的重中之重。综上所述,这些因素往往成为一项新制度的路径依赖而让这项新制度难以发挥预期的效果。

二、文化基础

(一) 西部农村的少数民族文化

由于文化的形成深受民族共同的地域、共同的语言、共同的心理及共同的社会生活等因素的影响,所以文化具有一定的民族性,并且派生出了维系本民族凝聚力的民族文化。文化具有民族性,也就是说,不同民族的文化,无论在其内容上还是在其形式上,都反映着不同民族的个性,具有不同的特色。

民族文化是一个民族在长期劳动生活中创造出来的物质、精神文化的总和。其独特的生产、生活方式、组织管理形式等构成了民族的制度文化;其独特的科学思想、价值、道德、审美观念、国家观、思维方式、风俗习惯、情感志趣、心理素质及品质、技术水平等构成了民族的精神世界。中国的民族文化,不仅为中国社会的不断发展与文明进步提供着深层次的精神力量,而且也是影响中国农村养老保障制度发展与完善的重要因素之一。例如,在中国少数民族的家庭生活保障中,家庭养老、尊老敬老的传统观念在其民族文化中是根深蒂固的。显而易见,西部少数民族地区的文化无疑也对农村养老保障模式选择具有十分重要的决定性作用。

中国众多的少数民族人口有近八成定居在西部,尤其是在农村地区。西部是我国民族构成最复杂、少数民族人口数量最多和最集中的地区。本研究课题组调研的云南、四川和贵州3个省的少数民族地区的7个县主要居住着彝族、苗族、白族、哈尼族、壮族、傣族等多个少数民族。

少数民族地区的尊老养老传统实际上是历史传统与现代文

明、民族习俗与外来文化、族群特性与民族共性相结合的产物。体现在村规民约、生活礼俗和宗教教义等方面。

1. 村规民约

比如,在罗平县鲁布革乡,布依族聚居,乡人民代表大会曾在1993年对所属各村民主管理和公所依法治理的规定中作出了赡养义务的规定。在瑶族的度戒仪式中,"盘王传说"强调要尊重祖先和父母长辈,不得厌弃老病,不得虐待妇幼;在《观音经》《父母经》的"十戒"中,首先要做到的就是反对不孝,不违忤父母师长;在他们的堂屋里均供有"天地君亲师"的牌位。景颇族的青年组织义务帮助孤寡老人和困难户。在白族家庭里,一般家中大事都是由老人当家做主;婚丧嫁娶都请"老人客",他们以老人为尊,只要有人忤逆犯上,不孝不悌,就会遭到合村众治。在纳西族的生活准则中,规定村里无论谁家的老人离世,村里所有人都会为这家人办丧事而凑钱,一般为每户每人10元;若老人是非正常死亡(比方说自杀等),死者家属不但得不到这笔钱,而且会受到村民的鄙视和指责。在蒙古族村寨,《桃家嘴村六社村规民约》规定:"全村要认真贯彻执行《老年人保护法条例》,尊老爱幼。"

2. 生活礼俗

西部少数民族地区农村主要在自然条件与环境相对恶劣的地方,又主要以耕种农作物谋生,积淀下了"有饭大家吃,有衣大家穿"的原始平均主义和原始集体主义观念,加之地理环境的相对封闭,一般都采取族内通婚的形式,因而形成了较为牢固的以血缘关系为纽带的家族或氏族结构,客观上促进了互助、互济的传统民间社会保障体系的形成。以布依族为例,其互济互助广泛地体现在义务馈赠上,义务馈赠成为布依族的一种生活方式。布依族主要是通过服务的交换,礼物的交换和仪式的给予来完成义务馈赠过程。无论谁家有红白喜事,作为内亲、家庭、邻里、亲戚、朋友都有义务前去服务,并尽自己所能送礼物,这些礼物包括"干礼"即现金,也包括"水礼"即实物。义务馈赠成为社区和族群的强大内聚力,成为连接彼此的重要纽带,并形成一定的生活圈,使生活圈内的人们聚拢在一起,大家互通有无,共渡难关,在农民养老方面更是如此。

西部农村少数民族长期居住在山区高原,相对封闭的社会观景,使自然经济成为西部少数民族农村的主要经济类型。他们耕种方式落后,物质生产能力有限,形成了勤俭、不过分向大自然索取、不提倡过分物质享受的、相对淡漠的物质财富观。这种淡漠的物质财富观,比如西部少数民族对于"利"与"商"的某种鄙视,不利于西部少数民族物质财富的丰富积累,严重影响他们发展经济的积极性,从而会限制他们参加养老保障项目的缴费能力。

3. 宗教教义

宗教是民族文化的重要组成部分,而民族则是宗教的重要载体。对于西部地区的许多少数民族来说,其民族文化从某种意义上来说均依托宗教而存在,且是维护本民族凝聚力的主要方式。宗教不但影响着西部地区人民的思想感情,而且也影响着他们的社会政治、伦理道德、文学艺术、家庭婚姻,与他们的风俗习惯、道德规范融为一体,许多社会问题很难分清楚是宗教问题还是民族问题,因而宗教是西北地区少数民族最为敏感的问题。

在西部少数民族地区农村,多种宗教并存,信教人数多,而且多为少数民族人口,宗教氛围浓厚。西部地区的各主要少数民族信仰的宗教包括从国外传入的佛教、基督教、伊斯兰教、东正教,还包括土生土长的道教和其他各种具有原始宗教色彩的民间宗教,如纳西族的东巴教、白族的本主教等。调查表明,去宗教场地参加宗教仪式或活动(如礼拜、拜佛、参加法会等)是人们生活中不可缺少的一项内容。有的老人把诵经祈祷作为一种休闲娱乐的方式。可见,民族宗教有着鲜明的民族特色,宗教信仰在人们的社会、精神和生活中占据着重要地位。

宗教在解决农民养老问题、提高农民养老质量上起着举足轻重的作用。在西部地区,不但宗教渗透到养老中,并且在予以老年人精神寄托、改变养老条件与组织举行各种公益救助活动、临终护理等方面也具有其他社会团体无法比拟的优势。因此,在民族地区提倡宗教参与养老具有可行性。宗教因素对于农民选取养老保障的类型在很多方面都有影响:

第一,对养老伦理产生的影响。比如,基督教号召的爱和孝是一种没有差异的神圣感情,此种神圣感情强调像爱自己一样爱别人,不因为与自己血缘关系的远近而有所不同。最关键的不是血缘关系如何,而是是不是尊崇相同的神。在此种宗教文化的感染下,亲密的情感源自于一致的宗教信仰,而并非来自血缘宗族。

其二,宗教力量融入养老组织中。尽管国家在建设养老组织方面担负主要责任,可是对于很多落后地区来说,宗教力量能够起到补充性的作用。例如,云南开远市是云南省宗教工作重点市县之一,五大宗教中开远就有四大宗教派别,佛教、伊斯兰教、基督教、天主教,先后成立了天主教爱国会、伊斯兰教协会和佛教协会。开远市佛教协会会长法鑫法师一行经常到乡村走访看望当地困难群众,送去大米、油、月饼等生活用品,同时看望慰问残疾人。城区观音寺会在中秋、国庆之际到乐白道办事处的养老院看望慰问院里的老人,送去水果、月饼等。开远市伊斯兰教大庄清真寺、北寺曾组织信教群众为仁寿清真寺患病老师进行捐款活动。基督教会等组织积极参与兴办养老公益事业,捐助建造多所养老院。由此可见,西部少数民族地区宗教参与养老,一定程度上支持了西部农村的养老保障事业。

综上可知,民族文化在一定程度上,规范和调整着人们的社会关系,规定了人们的道德修养、理想人格的标准,以及社会公德的形成,因此,人们应该尊重民族文化,挖掘民族文化中有利于社会发展的积极因素,把民族文化变为推动社会文明进步的动力。

(二)西部农村的村落文化

村落文化指的是长期生活、居住、香火延续在一个边缘界定清晰的某一地方的人群,其代表形态是自然村。此文化类型是相对于都市文化而言的,是指以信息共享为主要特征的一小群人所拥有的文化,此人类群体可是一个人口数量在 200 左右或 300 左右的自然村,也可是一个人数更多的小集体。

西部少数民族地区所选择的农村养老保障模式,要适应西部少数民族地区人们生活的基本特征,而且不可单单注重经济要素,也要高度重视文化要素。根据本研究课题组成员对西部少数民族地区云南、四川和贵州 3 个省的少数民族地区的 7 个县 55 个自然行政村,对 226 家农户进行 7 个村寨的田野调查和有关村落文化的研究成果,在农村社会经济生活中,农民的一些涉及养老、红白事、怀孕生子等事情均会在很大程度上受到村落文化的影响。村落文化对农民养老保障方式的影响有:

首先,农民如果从属于一个村落的话,他们之间会相互趋同、相互竞争,很容易就会产生从众行为,这种行为是把双刃剑,即会促进也会制约农民群众对某种新的改革创新活动的参与。比如,在云南农村种植烤烟的初期,多数农民一直不敢下决心种植这种新引进的作物,后来看到种的人越来越多,也就相互"从众"了,从而促进了云南烟草产业的发展。西部农村的养老保障制度模式的构建,也应该充分利用村落文化中农民群众的从众行为,促进农民群众积极参加农村养老保障。

其次,有着规范压力的村落文化,能够促进农村养老保障模式的形成。在村落文化的氛围中生活,人们不但受到周边环境的束缚而遵守一定的行为准则,并且还会全身心地投入其中,参与本村落的竞争中。在过去的时间里,村落文化的此种制约力量对于促进农村计划生育发挥了重要作用。同样,这种规范压力也可以运用到西部农村的养老保障制度创新之中。

最后,与都市文化不同,村落文化属于"耻感文化",这有助于建立西部养老保障创新模式。村落里居住的农民间彼此都很熟悉,对于生活的整个村落也没有陌生感,因此村落中的个人由于周围的人对自己都比较熟悉、关注、评说,他们会因为做"错事"而产生羞耻感,这就是村落的耻感文化。换句话说,农民在家庭、家族、社区(村落)范围内生活,受到个体间横向关系的影响,这种影响对构建农村养老保障创新模式有重要的指导意义。

三、民族文化对建立与完善养老保障制度的影响

(一)积极影响

第一,中国传统民族文化当中"以人为本"的观念,是促进中国养老制度不断完善的重要因素。中国传统民族文化历来重视人的尊严和价值,具体表现为深邃的民本思想。这种民本思想特别强调民众是国家的根本,认为人君只有爱民、利民与取信于民,其统治根基才能够牢固。可见,在中国历史上先哲们很早就已认识到了民众对于治国安邦的特殊作用。在新时期,以人为本作为科学发展观的核心理念,不仅成为一种社会正义的价值追求,而且也成为建立与完善中国社会保障制度之本,对于涉及所有社会成员自身利益的社会保障机制调整具有重大意义。

第二,中国传统文化当中的尊老、敬老与养老意识,体现了社会养老制度的重要性。尊老、敬老与养老问题,一直是中国社会比较关注的永恒话题。在中国历史上,尊老、敬老与养老不仅被认为是一种天经地义的事情,而且更被认为是重要的安邦定国之道。中华民族是一个具有尊老爱幼优良传统的民族,一直把尊老、敬老与养老问题作为家庭与社会头等大事来办理。特别是传统民族文化中的孝文化,更是在历史上发挥着非常重要的社会保障功能,历代封建政府皆以尊老、敬老与养老作为治国安邦的根本。例如,中国传统文化中的孝文化一直认为,如果一个人一定要等到高官厚禄、荣华富贵之时才想起要奉养自己的双亲,那么这就是一种不孝行为,应该进行公开谴责。尤其是"百善孝为先",作为传承了几千年的古语,可见崇尚孝道,重视家庭,尊老、敬老与养老,是中华民族的传统美德。总之,中国传统文化中的养老理念,不仅是一种社会美德,也应该成为新时期不断完善中国养老保险制度的重要思

想基础,真正实现人类社会老有所养的美好理想。

第三,民族宗教能增强民族认同、心理认同,促进社会稳定。在社会主义条件下,西部地区各大宗教组织、团体和宗教界人士能顺应时代发展需要,对过时的教义、戒律等进行重新解释,使之与社会主义相适应,融入现实社会并被广大信众所接受。对维护民族地区社会安定、人际关系和谐、思想道德进步等都具有重要作用。宗教团体承担着教育引导本宗教与社会主义社会相适应、维护本教及信众合法权益的职责,同时也是政府联系信教群众的桥梁和纽带。通过宗教团体引导广大少数民族信教群体积极了解国家政策,理性认识并参与"新农保",这在一定程度上推动了少数民族地区农民养老保障事业的发展。

(二)消极影响

第一,计划经济时期的国家与单位保障观念,影响着中国养老保障制度的改革。新中国成立以后,在很长时期内一直实行着一种具有计划经济特征的养老保障制度,即退休的养老金完全由国家与单位统一发放,而个人根本不需要缴纳养老保险费用。目前,中国的养老保障制度正在进行一场伟大变革,试图建立一种与中国特色的社会主义市场经济相适应的养老制度,让劳动者也承担缴费义务,由传统的养老制度转变成为统账结合的新型养老保险制度,对社会利益格局进行重大调整。但是,原来在计划经济时期受益的社会群体,因其退休养老方面的利益受到直接损害而很自然地成为养老保障制度变革的阻碍因素,特别是由于城镇劳动者对国家与单位根深蒂固依赖观念的长期存在,直接影响着中国养老保险制度改革进程。

第二,传统民族文化中轻契约与忽视个人责任的观念,直接影响着个人缴费的积极性。新中国成立以后,由于建立的是计划经济体制,以及在劳动生产分配过程中实行"吃大锅饭"的做法,使人们在很长时期内不能够适应改革开放之后建立的社会主义市场经济体制,所产生的不满情绪严重阻碍了养老保障制度改革。此外,中国传统文化中的重伦理、轻契约的观念,也严重影响着社会保障法制理念的形成,妨碍了社会保障制度的实施与执行。特别是传统文化中强调集体责任,忽视个人责任的社会价值观,不利于在社会保障的养老机制部署中突出个人责任,实施社会统筹和个体账户相融合的新类型养老保险机制。

第三,传统民族文化中重储蓄、轻保险的实用主义行为习惯,严重影响了中国社会保障体系的形成。在中国历史上,传统文化中的忍让与驯服等观念,使人们不仅缺乏社会风险意识,而且社会保险意识非常淡薄。因此,在面对社会风险的时候,存在迷信心理的人们将其遭遇的意外事故视为老天报应,宁愿花钱消灾,用大把的金钱去祈求菩萨保佑,也不愿意花钱去买社会保险,采用经济手段对社会风险进行抵抗与补偿。

中国大多数家庭存在以储蓄防不测的实用主义行为习惯,还有传统财不外露的心理,认为参加社会保险不吉利,并且忌讳谈论触及社会保险条款中的一些风险灾害字眼,唯恐会给自己带来晦气。这种社会保障意识淡薄的现象,不仅对实现国家、企业与个人相结合的社会保险体系产生不利影响,而且还严重阻碍了中国统账结合新型社会养老保险制度的改革进程。

总之,以文化为核心基础的非正式制度对中国养老保障体系的构建产生着巨大影响,这种巨大影响既有积极的一面,也有消极的一面。所以在构建具有中国特色的养老保障制度体系过程中,应该克服非正式制度当中的消极因素,全面发挥积极因素,让非正式制度与正式制度不断融合,从而使其不断完善。

少数民族文化与西部农民养老保障制度密切相关,它构成了农民养老保障制度的社会背景。少数民族文化是养老保障制度的人文保障,是影响养老保障发展的一个基础性变量,而养老保障制度则承担着维护民族成员权益,促进民族社会发展的重要责任。因此,如何处理好两者之间的辩证关系,让两者真正地互动起来,积极促进两者之间相互的发展,既是人们对于人与人、人与社会、人与自然关系的深入思考,也是人们努力寻求人与人和谐、人与社会和谐、人与自然和谐的具体表现,有利于促使人们产生一种应当如何与社会环境、自然环境和谐相处的观念和行为。

我国是一个典型的多民族国家,少数民族文化是影响其养老保障发展因素当中最深层次、最隐蔽的因素,如果养老保障研究过程中缺乏了这一因素,就不利于养老保障研究的发展,也不利于中国养老保障体系的构建与完善。比如,在西部少数民族的家庭生活保障当中,家庭养老的传统观念在其民族文化当中是根深蒂固的,而且还是一种浓郁的文化情结,有一种深刻的文化认同在里面,并且从中国少数民族社会发展的长远观点来看,短时间内家庭养老这种传统观念的改变,不会成为其社会发展的主要趋势。

西部地区村庄中少数民族长期以来形成的文化,是本民族在不断进步与发展过程中具有社会规范功能的风俗习惯,其中包含着一些人文精华,有许多值得挖掘和发扬光大的社会理念,附带着一些奇妙的社会管理形式与社会保障因素。在新的历史条件下,不断开发民族文化中的积极因素,给传统民族文化输入新鲜血液,使民族文化中的积极因素对农村养老保障制度进行有效补充,为构建具有中国特色的西部农村少数民族社会保障体系服务,极大地促进中国少数民族的文明进步和发展。

每一种少数民族文化都有它产生和存在的合理性,也有其落后消极的一面,有的会与现代化的生活方式不适应、相冲突,比如一些落后的迷信观念;有的是与现代生活方式基本一致,比如一些优良的民族传统习俗、伦理道德、价值观念等;有的则无所谓先进与落后,不会与现代化生活冲突,处于一种可有可无的位置。通过对民族文化中价值理念、生活模式、民风民俗、宗教信仰等要素的探究,可以大量挖掘少数民族文化中适应养老保障发展的积极因素,补充西部农民养老保障制度在创新方面的不足之处,构建适应中国西部农村少数民族的社会保障体系。少数民族文化是社会保障体系中的软实力,其中的普惠济贫理念,以及一些具有社会保障功能的传统生活方式、宗教信仰、风俗习惯等因素，可以完善中国的养老保障制度，从而可以弥补中国养老保障制度构建中的不足之处，让政府制定出向中国西部少数民族农村地区倾斜的养老保障政策，不断加快中国西部少数民族农村群众脱贫致富的步伐，让养老保障制度对中国西部少数民族农村老人基本生活权利起到积极的保障作用，以促进中国西部少数民族地区社会的稳定发展。

第三节　西部少数民族地区土地流转制度下农民养老保障机制创新的家庭基础

中国以家庭（包括家族、宗族）为中心的社会架构，决定了家庭是应对生活、工作等多种风险的基本单位。对于西部少数民族地区的农村来说，所形成的以血缘关系为纽带的家族或氏族结构成为其成员遭遇生、老、病、死等社会风险时的一个最好的避险港。家庭（包括家族、宗族）自然就成为构建农村养老保障模式的基础。

一、家庭是农民养老保障的基础

（一）家庭的帕森斯假说

著名社会学家帕森斯提出了著名的家庭的帕森斯假说。帕森斯的观点认为，随着现代化进程的加快，家庭会出现一些变化，从增大家庭到核心家庭（对于此变化过程，学者李银河把其归纳为从以亲子为核心的家庭转变为以夫妻为核心的家庭）。帕森斯的理论认为，所谓的家庭向现代化的改变，一方面分解了亲戚关系团体，另一方面核心家庭机制诞生。在核心家庭机制状况下，家庭成员在核心家庭中减弱了对较远亲戚的义务，而夫妻之间的义务提上了日程。从经济层面来看，现代社会的核心家庭的存在独立于其他的亲属，它作为独立的家庭生活单位，根据血统准则中的一些规定，此核心家庭对父母的家庭不存在任何义务关系。核心家庭成员在对亲属的义务上有了局限,失掉了亲属对自己的帮助,因而彼此间更加依赖。

有些学者认为,在中国已经出现了帕森斯假设。因为中国的家庭关系在没有实施现代化的时候是一种以拓展家庭为中心的家庭关系,而实施现代化以后,此种家庭关系就转变为以核心家庭为中心。但此观点存在分歧,杨复兴学者就说,完全现代化对中国来说根本不存在,中国民众家庭间的大家庭关系也没有断裂,当遇到一些外来的危机风险及遇到感情问题时他们之间加强了相互间的支持,但实现的方式以及表现的方式却和过去不同。

特别是对于西部少数民族地区这样一个特殊的地区,人们有着根深蒂固的婚姻家庭伦理观念以及以家族或氏族为单位的平均主义、集体主义观念,这种观念在长时间内不会发生变化,甚至还可能随着不稳定因素的不断增多,不断增强。因此,今后的西部农村可以通过加强扩大家庭文化在养老中的比重,更加深入地推动和谐农村的改造。

(二)家庭是西部少数民族地区农民养老保障的基础

家庭具备稳定的特点,即个体在社会中的位置与功能均隶属于家庭,每个人的所有活动均以家族、家庭为中心,都位于家庭的比较明显或者不太明显的密集网络中,因此家庭势必成为应对工作、生活等多种风险包括解决养老问题的基本单位。

近年来,由于国家计划生育政策严格落实,再加上生育抚养孩子的成本不断上升,使农村家庭的人数逐渐减少。在西部地区农村的某些区域出现了仅有一个孩子的家庭孩子也要与双亲分开过的现象。中国过去的四代人、五代人共同生活的状况产生了改变,可是农村的家庭养老依旧占主要地位。新时代下,虽然产生了分居类型的养老方式,可是小家庭依旧凭借"大家庭"实现新类型家庭养老。

美国经济学家盖尔·约翰逊于1998年在我国首都举办的"中国社会保障国际研讨会"上,对于我国农村老年人的社会保障问题进行了发言,他认为"至少在将来的 20 年中,当前养老保险项目每一年所能下发的养老金数目仍会较低,老年人的大多数需求依旧通过自己的家庭解决,或者凭借自身拥有的资源来满足"。显然,农村养老保障的基础仍然是家庭,农村社会保障也靠家庭。家庭养老是一种非制度化、非正式而又十分重要的养老保障。

二、家庭对养老保障机制创新的影响

传统的家庭养老保障模式在西部少数民族地区历史文化渊源,根深蒂固,长期以来的养老基础地位不会因其保障功能的弱化而动摇,在西部少数民族地区这种传统保障模式有助于维持其稳定的局面。农民的养老保障有生活照料、经济供养和精神慰藉等方面,经济供养对于丧失劳动能力的老人来说会遇到很多困难。老年人的生理特点决定了在行动上受到限制,也就是说,老年人生活起居还是需要家人照顾的。因此,作为农村家庭养老,它既是当前符合现实的选择,在未来一段时间内它也是农村养老保障的主要方式。

尽管过去的家庭养老职能在农村逐渐变弱,可是从当前少数民族地区农村来看,由于传统文化、经济水平和社会化服务等情况,农村养老的基础仍然是家庭养老,农民短时间内是不可能放弃依靠子女养老的习惯和传统思想。这体现了东方伦理道德观念,是几千年来自给自足经济的组成部分,若没了这个传统,需要付出更多的代价来实现养老保障工作,而且其进展会越来越步履维艰。因此,我们应该看到,养老保障制度不断地优化了家庭保障,它并不是替代家庭保障。现实条件下,社会养老制度还很脆弱,在很长的一段历史时期里,家庭养老模式仍然会是养老的主要方式。西部少数民族地区,每个人的所有活动均以家族、家庭为中心,都位于家庭的比较明显或者不太明显的密集网络中,因此家庭势必成为应对工作、生活等多种风险包括解决养老问题的基本单位。

第四节　西部少数民族地区农村土地流转制度下农民养老保障机制创新的主要内涵

构建基于土地流转制度创新基础上的多元化养老保障机制，是在西部少数民族农村当前的经济条件背景下，针对西部面临着养老危机的特殊环境的明智选择。这种打破西部农村地区传统的、单一的养老模式的机制创新，没有否定原有模式，是立足当前，着眼未来的一种多重方式的选择，它促进了西部少数民族地区的农村可持续发展，完善了农村养老保障体系，可谓贡献之大。

机制创新的主要内涵是指在构建土地流转四维利益机制与风险补偿体系的基础上，构建多元化养老保障机制——建立以政府养老保障为主，家庭养老与土地养老为辅，而且支持社会力量提供农村养老保障的各界参与的多元化养老保障方式。

一、四维利益-角色双平衡机制

四维利益-角色双平衡机制指的是以农户、国家、企业、农村集体为主导的"四维利益-角色双平衡机制"，也就是依照当地土地状况采用更科学的土地流转模式与定价体系，且增强农户社保制度的机制。

依照利益协同发展与角色保障渗透的观念，为农户、国家、企业、农村集体对于土地的权益构成完备的物权，采取合作式中介的模式，监控土地流转的全过程，为其提供所需的全套服务，执行利益分配机制的最终机构及充当利益相关各方关系的润滑剂；为了使农民能够安心地进行土地流转，不断地完善社会保障制度，政府要加强规范化的监管，从而通过"依靠"和"制衡"让土地流转获得迅速高效发展。

第一，四维利益均衡。四维利益指的是土地流转应该将农户利益作为主体,其他三方作为利益相关体,在满足国家利益的前提下实施分配均衡的方式。其中,涉及土地流转出的回报收益、利润分红,流转后的养老与社会保障,流转后的就业帮扶等的农户利益;有在尽量减少成本的基础上,物质效益最大化的企业利益;有寻求集体拥有的土地、资源效益达到最大程度的农村集体的利益;还有其他和土地有关的相关体均可以实现效益最大化的国家的利益。

第二,四维角色均衡。四维角色大多是利用我们提出的协作式中介及纵向横向联结的理念让四个方面的角色互相影响、互相制约。农户最为关注的是收益,他们可采用入股的方式融入与企业紧密联系的中介中,中介可以权衡分配两者间的角色和利益,并使信息透明化,协调两者之间的平衡。在监管者担保监督下,政府以及农村集体有效实施双平衡机制。

二、建立风险补偿体系

土地流转这项行为自身有一定的风险,对农户来说,农田是他们仅有的获得物质收益的途径,他们害怕把自己的农田流转出去之后不能得到保障基本生活的收益,如若没有了收益他们的生活就失去了保障。本研究觉得应该建立一个适当的风险补偿体系,让农民心里能够有踏实感,在真的出现了土地流转没有给农民带来收益的情况下,农民可以获得一定的经济补偿,这个补偿需要得到政府和金融机构的大力支持。

一方面保障范围全面化。风险补偿体系不但对土地本身进行保障,还涉及对相关利益方的保障。在此过程中,政府参与的保障和金融机构设计的不同险种的保障都要起到重要作用。

另一方面参与主体逐渐增多。参与风险补偿机制的主体有国家、金融组织、农户与企业。以国家监督管理为基础,在金融组织和企业的一起参与下,对土地财产实施以国家与金融组织主导下的保障作用。

三、多元化养老保障机制

1. 以家庭养老和土地养老为基础

在新类型农村养老保障机制初级时期,土地与家庭养老在西部地区农村中占主导地位,它是任何一种养老方式都无法取代的。家庭养老是少数民族地区的传统思想中敬老、养老的不二原则,它以"孝"为核心文化。家庭养老这一模式不但能够满足物质需求,而且能够给老人提供足够的精神慰藉。因此,从西部少数民族地区农村的现状来看,家庭养老毫无疑问是重要的支柱。从亲情的层面上来看,农民的家族传统理念比较深刻,父母生养下一代的目的就是期望将来老了有所依靠。当父母步入老年时期后,他们对子女有更多的依赖倾向和较强的信任感,希望儿女能够孝顺,能够常常陪伴在他们左右,维系整个家庭的代际关系。这样晚辈和长辈间就有一种家庭和睦的向心力,保持着一种稳定的亲情关系。由于西部少数民族地区发展落后,就养老成本而言,在农村养老保障模式中家庭养老的费用较少,和其他类型的养老方式不同,老年人的生活费用在家庭养老中并不多,因为农村生活内容简单,农民大多较为朴素,自己家收获的粮食就能够满足家庭成员的吃喝,所以儿女赡养父母的成本也较低,从这可以看出老年人对生活的需求较少,只要孩子能够在他们孤独的时候常常的陪伴一下,当他们生病的时候能够给予适当的照顾,老年人心里就已经很满足了。

土地收益占了家庭养老的经济基础很大的比重,为西部地区少数民族农村老人的基本生活提供保障的必然当属土地。土地收益不仅能够为老人自己提供生活资料也能够使农民获得经济收入。哪怕农民丧失了劳动能力,土地依旧是收入的重要来源,老人会把土地移交给子女,同时子女也担负老人的养老费用。显然,占据农民生活保障的基础的土地养老和家庭养老在西部少数民族地区都不容忽视。因此,倡导土地养老和家庭养老的养老模式在施行的同时要对其出现的问题进行进一步的协调研究完善,使其能够发挥更好的效果。

1）强化家庭养老的法律体系

以血缘与道德品质为基础构建的传统的家庭养老理念在市场经济深入发展的状况下较难维系,需要有制约它的法律制度。所以从法律角度应当确定赡养父母是子女的责任与义务。一方面,让农村老年人懂得维权意识的同时大范围推广《中华人民共和国老年人权益保障法》,在西部少数民族区域宣传有关的法律常识,使年轻人认识到赡养老人是他们义不容辞的责任;另一方面,地方各部门应该进一步强化法律、法规建设,根据当地实际制定出赡养老人的相关标准,使虐待老人、不孝敬老人的行为受到法律的制裁,从而让青年人能够更深入地意识到孝敬老人的重要性。

2）家庭养老的鼓励措施

以村为单位,对子女赡养老人状况实施深层次调查,指引与协助青年人的家庭养老行为,对赡养老人的子女予以资金补助,下放一定数额的助老基金,这对于稳固家庭养老模式具有推动作用。

3）增强土地保障功能,保证土地收益

尽管土地养老保障程度不断地下降,但这并不能等同于农村养老中土地的地位可以忽视。事实上,作为养老保障来源的土地可以伴随变动中的土地使用形式而使农民获得较多收益。

（1）国家有关机构应当到现场进行调研,指引西部地区农户用先进的理念种植农作物,通过规避风险提升农业经营效益,从而保证土地收益。进行农业经济结构的调整和产业化升级,让农产品在价格上有竞争力,对于自然灾害给农产品价格造成的亏损要做好备录,为使农民的种植成本合理化,政府要给予相应的粮食补贴。

（2）土地的功能不单单是获取农作物的生产资料与获得农业收益的资产,还具有当作交易资本的作用,也就是可以独立提供和本人劳动没有关系的权利租金的资产,农民能够依靠对土地的使用权而获得收益,进而实现土地的价值。在实践中土地转包、征用或出让等都是农民获得土地收益的最常见途径。

经调查发现,西部少数民族地区土地转包、出让、国家征用的现象很少,大部分农民仍保持着原始的耕作方式。在我们调查的村庄,土地转包主要是因外出或没有时间经营土地而转包给自己的亲戚或邻居。也有转包给外来人或种田大户的。农户流转一亩农田可以得到纯收益300元,每人平均收益为1 500元,农民从之前的农作物种植者变为进城务工人员,每年收益在1万元左右,加上土地流转的收益,每年纯收入在12 000元左右,土地流转实施机械化作业,每亩种植成本减少5%～10%。对于转让土地的这部分农民来说,土地转让后收入相比转让前提高很多,参加新农保的缴费梯次也较高。土地的转租或被征用所带来的收入要远远高于土地作为农业用地时农民的收益。

把土地看作资本产物,实施规模化运营,拓展农村社会养老保障的集资途径,鼓励农民利用土地集体入股,对于提高西部少数民族地区农民养老保障水平有很强的现实意义。

通过改进土地征用制度,构建新类型的土地流转体系。改进与健全农村土地归集体所有的规章制度,依照每个区域的土地品质、土地面积和其他经济状况来估测将来的发展趋势,依照政府的统一要求重新分配,明晰土地的最终产权,弥补过去土地市场缺少有效监管的不足,降低国有资产损失与改变土地浪费现象。土地产权明晰以后,就能够严格管理土地的征用,明晰土地的使用范围,进而保证农村耕地收益。

健全被征地农民补偿安置体系。国家应当严格规范土地的征用标准,且科学地补偿被征地农户。对农民的直接补偿体系就是直接把土地补偿金交给农民,避免交给集体组织。在市场公平交易的原则上合理进行土地补偿费用的分配,根据土地资产收益和土地保障功能来确定补偿标准,通过完善农村土地的养老保障功能来保护农民的土地权益不受侵害。

2. 发挥政府的主导功能

西部区域的现实状况决定了新类型的农村社会保障贴补的保

障形式以及以政府为主体的救济养老保障成为时代发展的必然选择。这两项保障资金的来源取决于投入的国家财政,它是直接下拨到西部地区的国家专项资金。面对西部少数民族地区经济不发达的局面,应力争把收入达不到本地最低生活标准的困难老人划入帮扶范畴中。这是我国宪法明确规定的救济养老保障。中国宪法要求,中华人民共和国公民在年老、疾病或者丧失劳动能力的情况下,有从国家和社会获得物质帮助的权利。

来源于政府这一层次的养老保障,首先要将西部少数民族地区的老人依据他们生活质量的现实状况进行分类,将收入达不到生存线的老年人添加到救济养老体系中,如此不但肯定了政府对西部农村老年贫困人口的养老保障责任,而且也保障了老年人的生存底线。但是评估农村老年人的生活标准是很困难的,这项救济养老保障的伟大工程的实施也很艰难,面对人口众多、分散广布的西部少数民族地区,需根据"五保户"人口和农村地区的最低生活人口来进一步划分救济对象。考虑到西部少数民族地区的现状,中央和省级财政提供救济养老保险的资金,而且可以通过实行开征社会保障税等税收项目加大这部分资金的保障力度。

在新类型农村社会养老保障机制中,政府财政承担全部的最低标准基础养老金,这是考虑到农民的缴费水平,和城市工人自己担负养老金的部分金额不同。中央与地方财政补贴新类型的农民养老保险,是国家社会责任感的表现。然而,对于西部少数民族地区农民这样一个特殊的群体而言,收入水平低再加上特殊的民族文化背景,农民没有意识也没有能力缴纳由个人承担的部分养老金。因此,政府应该重点加强对西部少数民族地区农民的财政支持力度,加大西部少数民族地区政府基础养老金的补贴比例,农民个人可以少缴或不缴。

社会养老虽然是有利于人民的保障方式,可是因为西部地区大部分农村观念落后,农民缴纳保险的主动性受到一些阻碍,导致很多农民在实际生活中均害怕尝试。在他们的头脑中存在着害怕几十年辛苦得到的不多的钱打水漂的顾虑;此外,农民迫切要求养老保障制度的建设从而在老年时的生活能够得到保障。因此,政府要加大对西部地区的宣传,进而让西部少数民族地区的农民可以加入新型农村养老保险中。此种宣传应站在西部少数民族地区文化背景的角度,充分利用少数民族地区的宗教文化。例如,利用各地区宗教界组织的活动支持政府的宣传工作,比起政府部门直接宣传新农保更为有效。

资金的筹集是社会养老保险顺利进行的关键,各级财政部门为确保对农民基础养老金的补贴到位,要分配好各方补贴的比例。要从实际情况出发,根据西部少数民族地区各级政府财政能力水平不同的现状,采取分级负担资金筹集,对补贴的农民基础养老金确保到位。县级政府在新农保的实施主体中要承担主要的责任,财政收入多的县其财政应多担负一些资金,省、市、县3级财政可依照1:1:2或者1:1:3来分配;在财政收益少、经济落后的县,其财政可少担负一些,省、市、县3级财政可平均分摊。为确保新型农村养老保障的顺利实施,应该按照各地财政的具体情况,在能力范围内保证补贴资金发放到农民手中,进一步地落实好养老资金筹集问题。

3. 社会提供养老服务

在西部少数民族地区建立的养老服务组织很少,支持社会力量协助农村养老保障是社会共济性的重要体现。在一定程度上,社会提供养老服务拓宽了养老保障渠道。具有因地制宜、高度灵活等特点的政府养老与家庭养老,为西部少数民族地区构建与健全养老保障方式起到很大的推动作用。社会上提供的养老服务有国办私营的福利组织与社区志愿服务机构。

在福利组织中,国办私营的那一部分就是国家采用授权合作式的委托行使,委托给公益机构部分社会福利等公共服务项目。比方说可以在农村建立老年福利院、养老院、敬老院等不同形式的养老机构,由该地政府筹集资金,公益性机构为农村老人提供较长时期的服务支持。聘请专业的医护人员与服务人员,提供全面的养老支持。在一定程度上社会养老服务机构在家庭养老和政府养老中发挥着重要作用,再加上广泛参与的非营利性组织,能够让人们更多地关注老年人的身心健康,发扬社会公共服务事业。

除了政府出资建设福利机构外,农村老年人也可以自愿组建老年人协会。老年人协会只需很少的国家集体资金投入即可提供养老保障,协会成员会费金额很少,老年人完全有能力支付。老年人若天天待在家里,不但给子女增加了负担,也不能很好地减轻社会压力。这种养老模式覆盖面涉及了老人生活的各方面,提高了整个村庄老人的福利。在协会成员之间,存在同老人的日常起居生活一起的有偿或无偿的帮扶和救助,简单易行、直接迅速,而且全方位的养老保障的效益明显。

充分发挥社区志愿组织服务作用。西部少数民族地区的农村也应该聚集有爱心的年轻人组成志愿者小组,这种类似城市中的志愿者组织在服务"空巢"老人和孤寡老人的同时给予老人精神上的慰藉和生活上的照料。为此可以在西部地区各大高校开设农村养老保障专业,培养专业的农民养老保障服务人才。

第七章

西部少数民族地区土地流转制度下农民养老保障机制改革的理论思考和政策建议

第一节　西部少数民族地区土地流转给农民养老保障带来的机遇和挑战

一、西部少数民族地区土地流转给农民养老保障带来的机遇

（一）土地流转制度下的农民养老受到更多的关注

国家实施加快土地流转，促进土地规模化、集约化生产这一政策，对土地是保障的传统思想观念产生冲击。对于农民文化水平低，依靠土地生活和养老的人数众多，新的农民养老保障制度发展滞后的欠发达的西部少数民族地区冲击力更大。从前面已经研究讨论的内容我们也可以看到：西部少数民族地区还存在农村土地流转水平低；土地流转多限于农民私下协议，签订正式承包合同的少，操作不规范；土地流转的价格不高；农民的"土地养老"观念重；农村社会养老保障严重缺位等问题。如果不解决这些现实问题，将不利于我国农村经济的整体发展；不利于我国社会主义新农村的推进；不利于"区域经济协调发展，逐步缩小地区发展差异"战略任务的实施。在这样的背景下，西部少数民族地区土地流转制度下的农民养老问题受到了越来越多的关注，国家和政府的重视将给西部少数民族地区土地流转制度下的农民养老保障带来更多的发展机遇,其中,本研究也是基于国家的重视而获得支持的。

(二)土地流转缓解了农村养老的压力

我国早期一家一户的零散土地经营方式,曾带动了农民的积极性,大幅度地提高了粮食产量,改善了农民的生活水平,促进了社会的发展和进步。但随着社会的发展和世界经济格局的变化,这种小规模的经营方式越来越成为农村经济发展的制约因素。加快实施西部少数民族地区的农村土地流转、改善土地资源的配置效率,有利于激活农村剩余劳动力向第二、第三产业的转移;也有利于解决农村人地矛盾和耕地撂荒的问题。部分农民进城务工后,受传统的土地是最后保障的思想的影响,情愿土地闲置也不愿放弃土地,导致土地无人耕种;而不愿外出务工、劳动力多的农户或农业企业愿意耕种土地却又面临土地不够的情况,土地流转恰好解决了这一问题。土地流转把土地集中起来,实现了土地资源的优化配置,提高了土地的利用效率,推动了土地的规模化经营。从国内外农业发展的实践我们可以知道,要提高农业生产率,则必须进行农业产业化生产,而土地的规模化恰恰是制约农业产业化的主要因素,土地流转是现今解决这一问题的主要手段。因此,加快西部少数民族地区的土地流转,实现土地规模化经营,促进农业产业化发展,这对提高西部少数民族地区的农业生产率,增加欠发达地区农民的收入水平,减少地区经济发展的不平衡性,缓解农村养老的压力具有重大意义。

(三)土地流转推动了农民养老保障制度的建立

推动西部少数民族地区农村土地的流转,有利于促进农村社会养老保障体系的建立和完善。这是因为两个方面的原因:一是土地流转促进了土地规模化经营,减弱了土地的社会保障效用,改变了土地养老独木难支的尴尬现状,提高了土地的经济效用,增加了农民的经济收益,促进了农村经济的快速发展,为农村社会养老保障体系的构建创造了良好的经济条件。此外,当前土地养老是一种通过家庭或者子女来进行的间接性养老,是一种非制度化的养老保障。当土地通过流转提高农民的经济收益后,更多的农民就有经济能力加入社会养老保障体系中去,土地就以间接的方式促进了农村社会养老保障的制度化建设,为广大的农民提供更稳定、更抗风险、更有效、更高层次的农村养老保障方式。二是现今我国的土地流转是以自愿为原则的,这使广大农民的利益得到了维护。要将农民的这种自愿性转为主动性最主要就是要解决农民土地流转的后顾之忧,降低农民对土地的依赖性,这就必须加强农村社会保障制度的建设与完善。只有当广大农民没有土地流转后的养老顾虑,获得了较高的社会养老保障满意度,才能进一步加快土地的流转。因此,从一定程度上来说,土地流转推动了农民养老保障正规制度的建立,给农民养老保障制度的建立和完善带来了机遇。

二、西部少数民族地区土地流转给农民养老保障带来的挑战

(一) 土地流转弱化了土地养老的功能

土地作为一种重要的生产资料,在我国农业社会发展中始终扮演着重要的角色,综观国内外文献,学者普遍认为土地具有社会保障功能。当农民没有充足的财富积累、没有足够的非农就业机会和非农收入、没有健全的社会保障体系,很大程度上必须依靠土地收获物供给其基本生活资料,或者以土地收入作为维持最低生活水平和抵御社会风险的主要手段时,土地就具有了社会保障功能。目前我国普遍存在人多地少的现象,在城乡均难以充分就业的大形势下,土地的作用在于其保证了广大农民全部或部分就业,保证或部分保证了农民最基本的生活来源。因此,可以说土地对于农民来说具有就业保障和养老保障的双重功能,它是农民生老病死的全部保障。土地流转以后,农民的养老问题就由土地养老转变为打工养老或子女赡养,这是土地养老保障功能弱化的表现。本研究所调查的农村,老年人在土地流转以前从事土地耕作,依靠土地养老。如前文所分析的,农村老年人的种地收入占总收入的比重很大。土地流转以后,身体还健康的一部分老年人主要依靠打工养老,靠自己养老。身体不好的一部分老年人主要依靠传统的家庭养老,靠子女的赡养。虽然从调查中发现土地的流转价格逐年有所上升,但相对于飞速上涨的物价,土地流转的不变价格却是下降的。而当前只有不到50%的西部少数民族地区农村老人加入新型农村养老保障,且通常选择较低档次的保费,可见,在土地养老保障功能弱化,而新的社会养老保障体系又不完善之际,农民的养老出现了青黄不接的问题。土地流转给西部少数民族地区的农村养老带来了挑战。

（二）土地流转制度的不健全制约了农村社会养老保障的发展

从我们前面的研究可以看到,在我国西部少数民族地区,土地流转还存在诸多问题,总结起来,主要有以下几个方面的问题。

1. 对土地流转认识不够

个别基层干部特别是村干部对土地流转工作不够重视,没有运用土地流转这种符合市场经济规律的形式去操作,仍然沿用行政干预和强迫命令的老办法;有的地方放松了对土地流转的管理,不闻不问,任其自行发展;不少群众对土地流转不重视,不了解流转程序,不了解如何流转其行为才合法有效,因而在流转中未能很好地保护自己的合法权益。

2. 土地流转不规范

从调查来看,不少地方还没有完善土地承包经营权证的发放,致使土地流转不规范,主要表现为口头协议多,缺少书面的材料,发生纠纷后没有处理依据;不经发包方同意,私自流转,致使流转行为不受法律保护;流转合同不统一,个别地方条款繁琐,操作性不强。

3. 土地流转机制不健全

尽管土地使用权流转已成为农村经济发展中的一种普遍现象,但无论有形还是无形的土地流转市场都未形成,转出、转入之间缺乏足够的信息联系,阻碍着土地流转在更多方式、更大范围和更高层次上进行。转包费、租赁费缺乏科学依据,没有与之相关联的评估、咨询、公证、仲裁等中介机构。

4. 土地流转的风险性大

目前,西部少数民族地区的土地流转有很大风险。主要的风险和弊端有:资本拥有者下乡搞农业,主要是搞经济作物及其产业化,对国家粮食安全不利(小农生产因为粮食自给自足,客观上对国家粮食安全有利);一旦政府鼓励大资本兼并农民土地,往往难以避免官商勾结和强制转让,必然会对弱势的农民造成伤害;农民大规模离开土地后,一旦出现经济危机,可能会出现数千万农民工失业和无法返回家园的局面,这样的风险存在不可控性,或许会导致改革成果功亏一篑;土地向资本集中,必然会影响到宪法规定的农村基本经济制度和"村民自治制度"。

从上面的分析,我们可以发现,土地流转制度的不健全将会阻碍土地的流转,使农民不敢把土地流转出去,而土地的小农经营又阻碍了农村经济的发展,农民经济收益没有得到提高,也就没有钱参加农村社会养老保险,从而阻碍了农村社会养老保障的发展。

第二节 西部少数民族地区农村土地流转制度的改革和完善

一、农村土地流转制度的政策评价

近几年,我国城镇化和工业化发展步伐不断加快,在此过程中遇到的一个突出问题是农村土地问题,土地并非只是简单的生产要素,它在许多方面都发挥着重要作用,尤其是在社会组织、经济等方面。现行土地制度下农户土地承包经营权的流转问题是西部少数民族地区的农村土地问题在现阶段的主要表现,农业的持续发展使耕地状况发生了改变,这种改变既实现了规模经营,也推动了农业结构的调整,继而提高了农业效益和农产品的市场竞争力,同时促进了农业生产要素的优化组合,极大地促进了农村富余劳动力的转移和城乡统筹发展。这就是土地使用权利流转的起源。

通过调整西部少数民族地区的农村政策,加快农村土地制度改革,在这种形势下,新型农村土地流转制度逐渐形成,相关的法律、法规也得以完善。就实践来讲,在实施新型农村土地流转制度后,农民都能积极参与土地流转工作,有效缩短了农村土地的流转周期,土地适度规模经营得到了新的发展,促进了土地资源的合理配置。由于农村土地流转中存在一些问题和缺陷,表现为土地负荷加重、制度缺失以及农村土地流转市场不健全等,这使农村土地流转体制的建立与实施遇到诸多阻碍,土地流转暴露出许多问题,如操作过程不规范、未依照规定开展工作、市场供需无法实现平衡等,这些问题不仅制约了农村经济的发展,也不利于解决"三农"问题,并且严重影响了土地配置的效率。

(一)现行农村土地流转制度的正面效应

为满足城镇化和工业化的发展需要,必须实施农村土地流转,当农村经济发展到一定阶段后,农村土地流转已经成为一种趋势。要想维护农民的利益,也应该加快实施农村土地流转,它是促进现代农业发展,促进农民增收,促进社会主义新农村建设的有效手段。为了使土地资源创造更多的经济效益,提高土地利用效率,合理配置土地资源,也应推进农村土地流转工作的开展。

1. 土地流转能够加速农民的思想解放和收入增加

在家庭承包经营方式的影响下,西部地区的农民对土地有了新的需求,他们为了实现规模化生产,需要较多的耕地,土地流转刚好能够满足这一需求,农民通过规模生产,达到规模效应,实现收入增加。

一些农村剩余劳动力进城务工或从土地上解放出来,他们也

第七章　西部少数民族地区土地流转制度下农民养老保障机制改革的理论思考和政策建议

希望通过土地流转获得一定的收益。农民对土地有很强的依赖感,农民享有土地使用权,土地能够给农民带来安全感,这种现象在我国的土地流转制度出台之后有所改变。近30年来,土地流转制度不断适应时代的需求完善更新,农民承包土地经营权的概念最早出现在《民法通则》中。20世纪80年代末,家庭承包经营获得了宪法保障,1988年我国召开中共十五届三中全会,在这次会议上制定了有关解决"三农"问题的决定,决定中提到应明确规定土地承包期限,同时做好立法工作,让农民拥有土地使用权。我国在2002年制定了《农村土地承包法》,这部法律提到应该加大力度保护农民的承包经营权。《物权法》在2007年制定并实施,该法规定了农村宅基地的物权化,赋予农民更多的权利。我国现行土地流转制度保护了农民的土地使用权,使农民不再担心自己失去权利,农民开始积极参与土地流转,使土地流转速度加快,解决了土地市场上存在的一些问题。在实施土地流转后,有效扩大了经营主体范围,使更多的经营资本参与了农村土地流转中,为农村的发展提供了更多的资金支持,使农村在工业生产理念中加快了发展,同时农民的思想意识也发生了明显的转变,他们认识到农业生产技术的重要性,也看到了科学管理发挥的积极作用,西部地区农民开始应用新品种、新技术、新模式,加快了农民思想观念的更新。西部地区农村土地流转的推进,使越来越多的农业人口转移到城镇,积极投身于第二、第三产业,促进城镇发展繁荣的同时也大大增加了农民收入,从而进一步加快农村土地的流转。出租、入股是农村土地流转最常见的方式,外出务工的农民可以将自己的土地以出租、入股的形式转让出去,使土地转变为资本进入市场,从而使在外的农民获得一份稳定的土地收益,并且还能让他们持有土地的使用权,让农民既获得经济保障,又减少了后顾之忧。相对于外出务工者,留守农村从事农业生产的农民,获得了流转的土地,他们可实现规模化生产,获得规模效益,这说明,实施土地流转后,农民可通过土地增加自己的经济收入。

2. 土地流转有利于实现规模效益,使农业向现代化发展

家庭承包经营制实施后,在西部地区,每位农民只有25亩土地,受到地形的影响,土地都被分割开,土地的分割状态严重影响了农业现代化的发展。要想推动农业现代化发展,一定要让土地实现规模化生产,在保障农民的土地使用权时,要推进土地流转的实施,这是促进土地集中从而进行规模经营的基础。将割裂开的块状土地集中起来,使用农业机械设备,采用农业技术,开展农业生产,不断对农业结构进行调整,实现产业化经营,使农业实现现代化。土地规模生产,既能发展科技农业,也能应用农业技术,培育农业新品种,使科学种植技术得以推广,实现规模经济效益,提高农业的市场竞争力。土地的集中经营能高效地发挥大型农机具的作用,减轻农民的工作负担,既可以改善生产效率,也能提高农产品质量,使更多的劳动力资源得到解放,节省了大部分生产资料,防止在收获运输农产品时遭受损失,增加了农业生产的经济收益。同时也使科学经营理念落实在农业生产中,减少各项成本,通过原有的土地获得了规模效益。当土地规模经营范围逐渐扩大后,各项农业基础设施也更加完善,在对土地进行科学规划后,农村地区逐步建立起沼气池,水渠等一系列的公共服务设施得以建立起来,从而改善了农村土地、提高农村土地的综合利用率,提升农业综合效益。因此,只有逐步加快农村地区土地承包经营权流转,发展适度规模经营,提高农村土地利用率和劳动生产率,我国西部少数民族欠发达地区的农业才能发展成为高产、优质、高效、生态、安全的现代农业产业体系。

3. 土地流转制度的实施使城市化进程加快,并推动了城乡一体化发展

就当前的情况来看,我国土地资源情况是人多地少后备资源不足。因此,我国人口与土地的矛盾就尤为突出。西部少数民族地区同样也面临着这样的问题,解决这个问题最有效的办法就是向城市转移农村剩余劳动力,也就是输送传统意义上的"农民工"。

第七章　西部少数民族地区土地流转制度下农民养老保障机制改革的理论思考和政策建议

随着我国经济的不断发展,城市化进程不断加快,大中型城市中第二、第三产业的就业岗位逐步增大。因此,吸引大批农村剩余劳动力背井离乡进城打工,从而为城市的繁荣和第二、第三产业的发展提供大批廉价劳动力,其中一部分农民工通过多年在城市努力打拼在城市安了家。而且国家也有效解决了农民的土地流通权问题,城市的发展吸收了一部分农村剩余劳动力,在实施土地流转后,许多农村问题都迎刃而解。城市在发展过程中获得了大量农村劳动力,城市建设步伐不断加快,推动了城市经济的快速发展。一些农民逐渐转移到城镇当中,土地和宅基地在流通后,农民也成了城镇人口,推动了城乡一体化的发展。农村居民住宅在统一建设后,居住环境得到了根本性改善。加大对中小城镇基础设施建设的力度还可以有效增加农村耕地面积,使农村土地得到集中化管理,从而推动农村地区教育、交通等基础设施的建设,加快农村的城镇化步伐。逐步实现城乡沟通联系,使城乡二元一体化建设通过农村剩余劳动力的跨区域流动得到飞跃式的发展。

4. 实施土地流转能够对生产要素和土地资源进行优化配置

在解决土地流转问题时,最好的方法是合理配置劳动力资源,对土地资源进行优化配置。农村土地流转是在一定的技术水平不变的前提下,通过保持农村土地流转要素的投入比例不变,实现最优配置。我国西部广大地区农村生产要素要与日益提高的农村生产力水平相配套。如今,观察我国的农村生产情况可知,许多地区都已经实现了机械化和半机械化生产,因此,生产要素市场要逐步建立并且完善起来。我国过去农村土地流转缓慢,劳动生产率和土地产出率都极为低下是由于农村土地和劳动力配置空间狭小,彼此制约对方,导致它们的价值无法实现。如今,我国实施了农村土地流转制度,农村劳动力和土地资源不再彼此牵制,不仅使劳动力资源得到有效配置,也使土地资源实现了优化配置。土地流转并不只是经营权的转让,它是对被割裂的土地进行整合,将各类资源整合在一起,包括农业资源、水利资源、道路资源等,使土地生产向规模化方向转变,促进土地实现集约化生产,通过整合资源获得规模效益。实施土地流转制度后,农民能够进行组织化经营管理,各项生产要素都能得到优化配置,提高了管理效率,农业家庭经营状况得以改善,使农民分工步伐不断加快,农业产业空间得以扩大,农村剩余劳动力获得了更多的就业机会。在合理配置各项生产要素后,农业生产花费的成本不断减少,能有效防范市场风险的发生,创造的综合效益越来越多,流转双方通过土地流转都获得了一定的收益。

就我国西部农村地区来讲,在很早之前就开始尝试落实农村土地流转政策。近年来,市场经济发展步伐加快,参与流转的农村土地越来越多,农村规模化经营逐渐完善起来,土地资源的配置更加合理,农业生产结构也越来越完善,这些都使生产要素加快了流动。但是在实施土地流转过程中也存在一些问题,如没有建立完善的流转机制,没有做好服务监督工作,农民缺少法律意识等,这些问题从一定程度上阻碍了土地流转的推广和实施。所以,在农村发展过程中,需要重点解决的一个问题是如何制定科学的土地流转制度,有效推动农村土地流转的进行。

(二)现行农村土地流转制度的漏洞和缺陷

通过上面的分析可知,我国在建立农村土地法律制度时,主要以几部法律为基础,包括《农村土地承包法》《土地管理法》等,同时还有一些相关法律及制度发挥辅助作用。然而,许多事实表明,在相当长的一段时间内,各项针对土地流转的法律都只对土地使用权和所有权投入了关注,但却没有在法律和政策中明确规定流转之后的新型人地关系;依照过去的思维模式来讲,认同土地价格就是土地价值,并没有区分开两者,这样一来,土地资产无法发挥它的土地价值,农民的土地利益就会受到损害;当经济实现快速发展后,土地利益主体也发生了明显的改变,而西部地区还没有制定新的法律、法规,这使许多新问题无法得到有效解决。本研究在分析西部地区农村土地流转制度中的问题和缺陷时,主要分析了以下

第七章 西部少数民族地区土地流转制度下农民养老保障机制改革的理论思考和政策建议

几个方面,包括农村集体土地产权、农村土地流转市场以及农民土地权益等。

1. 农村集体土地产权权能缺失

就当前情况来看,在我国西部农村地区,集体土地产权包括几个方面的权利,如土地使用权、占有权、处分权以及收益权等。观察该地区的土地法律、法规可知,它们无法为农村集体土地产权的保护工作提供强大的法律支持。主要原因包括:①没有明确制定农村集体土地产权体系,各项规定不够明晰。《土地管理法》提到要对土地使用权和所有权进行监督和管理,《物权法》也阐释了农村土地使用权的主要内容,除去这些笼统的规定,各项法律、法规中都没有提及集体土地的担保、权利抵押等问题,在规定土地流转权利范围时,各项规定都不明确,这使土地流转工作受到巨大的阻碍,许多农民不了解情况,不愿意流转自己的土地,在经济社会日益发展完善时,土地流转的意义和作用没有得到体现。②我国尚未建立完整的农村集体土地产权,致使产权的许多功能都无法得到有效发挥。举例来说,各地政府在落实非农土地政策时,农民在遇到利益威胁时,无法使用土地产权来减少各方面的威胁,农民在保护耕地时获得的经济激励越来越少,土地非农业化现象加剧。这说明,目前的土地产权制度发挥的作用有限,无法对产权进行调节,也无法推动农村经济的发展,因此在实施土地流转后,许多农民的利益受到损害。不仅如此,土地非农化也使农民遭受巨大的利益损失。

2. 农民土地权益保障不力

依照我国相关法律的规定,集体土地所有权的主体由集体经济组织来担任。农民只是该经济组织的构成,所以他们没有土地所有权,而且法律也没有规定农民的其他权利;集体经济组织的主体并没有明确规定,缺少准确的内涵,在这种形势下,农村土地所有权被村集体所掌握,因为没有明确的主体,所以在实施土地流转后,土地资源不再由市场进行配置,而是由行政权力来配置,当权利主体缺少明确的规定后,一些村干部就会进行集体寻租。此时虚位现象越来越严重,农民在土地流转中已经失去了话语权,他们已经不再是集体土地所有权的主体构成。如果西部农村地区采用强制的办法进行土地流转,农民就会失去土地,他们的合法权益得不到维护,也就难以通过土地获得合法收益。如今,经济发展速度加快,社会各项功能越来越完善,因为土地资源不断减少,致使土地供需矛盾不断加大。在城乡二元经济结构下,与生产功能相比,农村土地发挥的社会保障功能越来越重要,此时土地价值终于得以体现。在城市化和工业化速度日益加快时,西部地区也受到巨大的影响,该地区的土地流转向非农产业方向发展。然而,在进行土地流转时,当地政府并没有对土地的增值功能投入足够的关注,因为农民可从土地中获得保障,所以他们不愿参与土地流转,此时西部农村地区在发展中遇到的难题是应如何制定完善的法律使农民的合法权益获得保障,同时有效推动土地流转的进行。

3. 农村土地流转市场功能缺位

有研究指出:当我国西部地区市场经济实现发展后,逐步引入了市场机制配置土地资源。但是国家通过集体土地征收后将土地变为国家所有,在进行交易后,对土地一级市场交易活动进行控制。在我国实施经济体制转型时,就会有上述土地流转现象的发生,其实,这是政府采用特殊手段,低价获得土地的所有权,并采用垄断方式将土地集中起来。在这种情况下,一级市场就把农民承包经营权所涵盖的土地使用权流转排除在外,此时在对资源进行配置时,难以按照市场规律进行。最近几年,土地流转方式表现出许多特性,如商业资本和工业资本的参与,它们和乡镇村的政府展开了合作。采用以租代征的方式处理土地,从而让土地使用不受法律的限制,就实质来讲,是政府采用垄断方式定价,从而获得更多的收益。在二级交易市场上农民的土地承包经营权流转以农民自愿参与流转为主,同时地方政府也会采用行政手段加以推进,目前农村土地流转机制并没有建立起来。现有的法律制度并没有重视市场发挥的作用,市场在土地流转过程中,既可以调整价格,也能够对土地资源进行优化配置,农民的土地流转在二级市场运行中缺少保护,地方政府采用的行政方式不利于维护农民的合法权益,不当的行政手段还损害了农民的利益。因为农民无法获得对称的信息,所以农民失去主体地位。这说明,在实施土地流转时,如果市场无法发挥作用,农村土地流转价格就会扭曲,这会影响土地配置的效率,此时土地具有的价值功能就无法得以体现。

4. 农村土地流转的生态功能缺失

近年来,社会发展速度加快,经济水平也在不断提高,土地权利失衡现象越来越严重,目前制定的法律并没有明确规定土地流转的主体,加之激励机制的缺失,使流转后的土地无法提高使用效率。经济主体之间存在一定的差异,所以各类经济主体想要通过土地资源获得的收益也不同,假如国家制定的各项土地流转政策倾向于整个社会的利益的平衡,经济主体根据成本效益权衡,以利润最大化为目标,只重视眼前利益,那么土地流转后就会出现许多负面影响,此时流转土地无法实现社会价值。要想实现社会价值,在进行土地流转时,必须要重视生态环境,以此为基础,使人们的需求得到满足,同时也要为后来人留下可利用的土地资源,这种土地流转会使土地的使用更加合理,不会影响到后代人通过土地资源获得收益。然而,现有的各项法律制度并没有关注土地生态问题,致使土地在流转之后,土地资源的使用逐渐偏离科学的战略规划。经济主体在追求利益最大化时,他们需要不断调整土地法律制度中的权利结构,此时土地资源将遭到破坏。

二、农村土地流转制度的改革和完善

坚持农村家庭承包经营为主,使土地承包经营关系得到维护,在进行土地流转时,要以资源的合理配置为基础,要在农民自愿参与的前提下,依法进行土地流转,要结合各地的不同情况,采用科学合理的方式开展此项工作,使农田总量不受影响,在提高粮食综合生产能力时,在一些试点地区开展试验工作,采用市场交易方式,寻找满足建设用地的方式,做好新型土地流转工作,使西部地区的土地顺利实现流转,并提高土地资源的使用效率。

(一) 国家土地管理制度的推进

在土地征用方面,政府对于征地的权力应严格用于纯公益或准公益事业。防止政府过度采用行政手段干预农村土地的交易,要让市场机制充分发挥作用,在制定土地使用计划时,要严格按照国家制定的土地利用规划来进行,保证农田总量和耕地总量不减少,制定科学的城乡发展规划,结合当地的实际情况,对土地使用规划进行合理的调整,向国土资源部上报;在制定年度土地利用计划时,国家制定的是5年指标,应结合当地城乡规划情况,进行滚动安排;在管理项目时,设置管理权限,开展实验工作,既为城市建设用地提供充足的土地,也要使农村建设用地得到保护,就土地产权来讲,要让农民和集体经济组织的权利都得到维护,要合理分配土地流转收益,在开发土地时,让更多的农民参与进来,为他们提供多种多样的形式,如产权交易、以土地入股等,在坚持不改变集体建设用地所有权时,按照土地利用规划的要求,采用市场交易方式,使土地参与流转、抵押等,使宅基地向商业化方向转变。

(二) 农用地发展权市场交易模式的引入

建设用地是采用一系列方法获得的,如远距离位移、制定耕地总量的平衡政策等,在操作时采用控制土地使用机制和土地规划机制,该方法的一个优点是规划性较强,但它的灵活性较弱。在西部试点地区引入市场交易模式,要让非农土地和农用地彼此替代,让土地实现双向流动。农业用地具有非农建设用地的权利,这就是农业土地发展权。农地的所有权与发展权并不是统一的,土地所有者拥有发展权,他们能够开发土地,并在市场上交易。当经济发展步伐加快,逐步提高了对建设用地的需求,通过农业建设用地可以获得更多的收益,发展权的价格将不断得到提高,使农地保护区的发展权逐渐转移到发展区,开发人员利用发展权加大开发。

第七章　西部少数民族地区土地流转制度下农民养老保障机制改革的理论思考和政策建议

一些开发区经济较落后,在出让一段时期的土地发展权后,将获得较多的利润,可将这些收益用于农业生产,创造更多的效益。一些地区经济发展速度较快,它们获得的农转非指标也会不断增多,此时可充分发挥市场机制的调节作用,使土地资源得到合理的利用。进行市场公共交易,使供需关系更加透明,能够平衡农地和非农地的边际收益,防止寻租腐败事件的发生,有利于节约耕地,确保粮食安全。

(三) 在提高新增建设用地平衡指标时使用多种方式进行

第一,某些地区的新耕地具有较大的潜力,可以对这些新耕地进行开发和整合,加大力度开发旧村庄、废弃地、废河滩等,开发新土地和荒山,使耕地储备不断增加。第二,让农村集体建设用地聚集起来,通过各种方式,在工业和商业建设区,将分散的农村建设用地整合起来。第三,对集体建设用地管理制度进行改革,让国有土地和集体土地也拥有平等权,在使土地使用权不改变时,依照规定,让集体建设用地实现租赁、转移,让它们有机会在城镇土地市场中进行流转,提高存量建设用地的使用效率。第四,建立、健全农村建设用地的利用系统,当建设用地侵占耕地时,可进行剥离的,要合理剥离,使耕地得到保护。第五,制定宅基地退出管理办法,农村土地管理组织或集体组织同时对退出的宅基地进行复耕,统一管理这些土地。

实行宅基地指标核拨制。宅基地既不能买卖,也不能继承,但可以在本村集体内流转。根据《土地管理法》,宅基地并不是真正意义上的财产,只是一种使用权,所有权归村集体。为配合村庄规划的实施,充分用好、用活农村宅基地指标,2013年起的宅基地指标(含往年结余指标),不再按以往的管理方式先行分解下达,而采用由乡镇(街道)申报核拨的方式安排,即各乡镇(街道)根据辖区内村庄建设规划和年度实施计划,于每年年初对无房户和住房困难户新建住宅用地进行落实统计,汇总上报县国土局,国土局按乡镇(街道)上报时间顺序,在总指标范围内,对符合村庄规划、土地利用总体规划,符合审批条件、建房地点落实、用地无争议的给予核拨用地指标,实现用地指标的集中管理、集中使用。农村用地的管理点多、面广,情况复杂,涉及广大农民的根本利益,关乎社会稳定的大局,在今后的工作中,应以法律规定为准,以村情民意为绳,全面实施城乡统筹、增减挂钩等土地政策,协调管理,正确处理好保护与发展的关系,既有力地促进了农村经济社会发展,更有效地维护了社会的团结稳定。

(四)建立新型的农村土地流转制度

(1)建立土地流转市场,可使该市场更加规范、合理,使土地主体的利益得到维护。为了使流转市场更加规范,要制定管理条例,建立管理服务中心。管理服务中心要发挥好自己的作用,开展好登记、托管、中介等工作。对农村土地合同进行统一管理,可建立一个完善的信息系统,对土地的流转、承包进行管理。调整农村土地流转管理主体的范围,让更多的组织、企业或个人参与土地流转,促使农业实现规模化生产,让各类资本都有机会介入土地流转当中,如金融资本、私人资本等。各种运营商在税收、金融、土地和业务方面要给予一定的支持。建立一些中介服务组织,做好土地流转工作。

(2)坚持家庭承包经营、坚持不改变土地的所有权,在进行土地流转时,采用各种形式,如租赁、转让、承包、入股等。既可以让农民自主参与流转,也可以让他们采用委托流转方式,还可采用托管组织等方式进行流转。

(3)对农地的农业用途进行调整。在使农田得到保护,在不改变耕作条件时,可以发展更多的产业,如养殖畜禽、水产养殖等。在进行土地流转时,各主体为了开展经营业务,可以进行农产品加工、物流配送,发展农业观光旅游等。在兴修农田水利设施时,参与土地流转的主体也可以一同进行建设,如果土地不属于临时建设用地,在建设各项基础设施时,可免除各项费用。

(4)要摆脱农村集体建设用地的使用限制,提高土地的利用效率。在一些经济发达、工业化进程较快的地区建设试点,禁止使用集体建设用地进行商品住宅的开发,除此之外,集体土地可在土地市场中自由交易,可用来开发旅游项目,发展商业等。可按照国家和地方制定的法律、法规,让集体建设用地享有抵押权;要让宅基地的使用范围得到扩大。农民在转让、抵押宅基地使用权后,他们的住宅土地也能参与到流转当中。可以建立新型审批和申请制度,选择合适的区域作为居民点,如果农民经济实力不足或无法参与农业劳动,允许购买宅基地和农民的房屋过度。即对农民的原宅基地进行流转,设置买卖时间,并制定各项规定,如可修复房子,禁止重建,在合同未到期时,可对宅基地进行买卖,合同到期时,政府为其补偿建筑残值,国家收回土地。

(5) 实施新型创新流转。第一,可以推广"田保姆"模式。一些农民进入城市务工,他们无法留在农村进行农业生产,这时他们拥有的土地就会荒废,可通过转让、流转、租赁等方式让土地参与流转,既可以提高农村人力资源的使用效率,也可优化配置土地资源,让农民通过土地获得更多的收入。第二,推进"五统一分"模式,在进行土地流转后,农民还有一些土地无法进行流转,这些土地非常分散,依照市场需求情况,对这些土地进行整合,采用统一规划方式,实现规模化生产,提高土地利用效率,开展规模生产,可减少生产费用,使农民获得规模效益。第三,推广"招投标"模式。坚持承包经营方式,对农民闲置的、未使用的、四荒的承包土地采用项目招标的流转方式进行流转。第四,推广"股田制",建立农民专业合作社和承包经营权投资股份制,即股份公司和其他市场主体的形式。第五,监管农村土地利用情况,做好流通工作,控制风险的发生。开发一些废弃土地,如果承包地被放弃使用,集体经济组织可对其进行耕种,代耕者可获得收益;如果农民到城市后一直没有回来,或无法联系到农民,集体经济组织可将土地收回,并按照规定流转这些土地,集体经济组织获得收入,应将收入50%以上存入银行(农村信用合作社)作为社会保险专项资金,集体经济组织不能随意使用社会保险专项资金,要由专门的人员安排这些资金的使用。如果对集体建设用地进行了转让,依照国有土地计算增值税,集体经济组织可获得增值收益。在流转土地时,要应对各类风险。一些地区可结合当地的情况,建立风险资本,同时制定复垦保证金制度等。在农村建立保险试点,帮助农民提高防范自然风险的能力。

第三节 西部少数民族地区土地流转制度下农民养老保障的基本走向

一、家庭、互助组织保障制度持续发挥着重要的作用

虽然农村传统的家庭养老功能日益弱化,但根据当前少数民族地区农村的传统文化、经济水平和社会服务等等,家庭养老仍是农村养老的基础,农民在短时间内可能不会马上放弃依靠子女养老的传统观念和习惯。这是几千年来自给自足经济的一部分,也是东方伦理道德的一种表现。西部少数民族地区的经济发展相对比较落后,人民和地方政府应该在国家政策的基础上,积极开展家庭养老的养老模式,如果放弃了传统的养老模式,养老保障工作将会很难开展,甚至会花费很多成本,所以重要的是要认识到,家庭养老保障体系不可丢弃,而是使家庭养老保障持续优化。在社会养老保险制度还相对脆弱的现实条件下,家庭养老模式在历史上很长时间也将是主要的养老方式。西部少数民族地区,人们的一切行为都以家庭、家族为核心,无不处于家庭的有形或无形的缜密网络之中,家庭自然而然地成为处置各种风险包括解决养老问题的基本单位。

人口老龄化已成为一个严峻的挑战,为破解农村老人的养老难题,响应互助养老的号召,我国西部少数民族地区可以施行以集

成和利用闲置学校、行政村,依靠农村敬老院的建设开展互助养老模式,并建设和新农村建设结合,并结合现有的公共服务资源,如村卫生服务点、农舍资源等的有效整合,通过服务设施的使用功能和特征为老年人提供养老服务,通过持续改进的服务功能,为农村老年人提供一个帮助沟通和白天娱乐、晚上想住家里就可以住家里的养老服务场所。

二、农村金融深化、政府财政支持与农业生产力提高的配套发展,从根本上解决农民养老保障问题,以提高农民的经济收入

在农村金融深化过程中,应该对少数民族地区的农业生产投入更多的金融支持,在农村地区,做好公共项目建设工作,同时开发和建设各类基础项目,推动农村的发展,改善农村环境,一些少数民族地区比较落后,可为他们提供先进的农业生产技术,帮助他们提高农业产量;从微观层次上考虑,为西部少数民族的农民提供更多的金融帮助,帮助当地的农民进行风险分析,在农村地区建立良性循环机制,做好储蓄、贷款、保险等工作。要为一些低收入农民提供补助,可通过合理组合储蓄保险,为低收入农民提供保险保障。

政府既要做好财政支持工作,也要帮助少数民族地区进行教育设施的建设,要建设医疗设施、文化设施等,帮助少数民族地区改善生活和居住条件,加大力度提供财政支持。

三、通过土地流转加强土地对农民的养老保障

土地保障仍是低收入地区农村的一种传统而重要的养老保障形式。在传统土地保障功能逐渐弱化的背景下,应采取加强土地流转等措施加强土地的保障功能。

推动集体经济的发展,要坚持集体土地所有权居于主体地位。就目前的各项法律来讲,我国农民集体拥有农村土地,在宪法和其他法律中都规定了这一点,农地的产权主体是村民小组在有关法律中也有明确的规定。就我国农村现实情况来讲,在选择农地产权主体时,可将村民小组作为主体。农村集体经济组织的构成不能缺少村民小组,因为法律中规定了农民集体拥有农村土地。所以村民小组方式能够发挥它的优越性,集体经济组织过于单一,无法提高土地的使用效率,而村民小组拥有一定的数量,它们与集体经济组织的性质相似,村民小组在调整土地和利用土地时发挥的作用比较突出,他们也能掌握土地所有权。村民小组获得农地的所有权,能够防止行政主体或经济主体占用征地补偿费,村民小组能够获得征地补偿。使村集体的土地得到合理配置,通过土地的开发经营可获得更多的收益,将收入作为农民养老保障基金,村里通过集体经济为60岁(包括)以上70岁(不包括)以下的老人,每人每月补贴600元;对于70岁(包括)以上80岁(不包括)以下的老人,每月为他们发放800元的补贴。超过80岁的老人,每月可获得1 000元的补贴。农村的老人既可以获得国家基本养老保障,也能享受到更高水平的村内养老保障。

要想使农民的权益获得保障,可以建立新型合作组织,如土地股份合作组织。村民小组范围内的农民集体经济组织拥有集体土地,而不是乡(镇)政府,也不是村民委员会。从长期来看,农村集体经济会发生改变,它会成为政府经济的一部分,农民不再拥有权利,都是由于农民没有能够维护自己权利的自治组织。可以建立农民土地股份合作社,坚持家庭承包经营方式,让村民小组发挥重要作用,能够让农民掌握土地所有权,而且采用法人代表方式使集体土地的主体更加明确,农民可以依法处置财产和土地,保证失地农民的权利不会被侵害。农民可自由支配土地,可将集体土地作为资本入股,在土地市场中,集体土地可进行交易,国家应该出台相应的法律进行明确的规定。同时保障失地农民的有效途径之一是要建立农民自治的社区土地股份合作组织。

加大力度进行法律宣传,在对农村集体土地进行征用时,要让农民了解征用情况,要让基层干部做好自己的本职工作,使失地农

第七章 西部少数民族地区土地流转制度下农民养老保障机制改革的理论思考和政策建议

民的利益得到维护,如果不能切实地维护失地农民的利益,不仅不利于农村、农业的发展,也不利于国家实现长治久安。所以,每个地区都应该结合当地的实际情况,做好宣传工作,让农民了解《农业法》《环境保护法》等,农民通过学习这些法律,可以了解各项规定。无论是村集体,还是失地农民都能了解到他们是土地资源的所有者,他们可以依照各项法律的规定,使自己的合法权益不受侵害,充分地培养权利意识,学会运用法律武器维护自己的合法权益。就基层干部来讲,他们应该了解到土地对农民的重要性,要努力维护农民的权益,为农民提供更好的服务和更多的帮助,做到依法行政,使政府成为保护农民利益的强大后盾。

四、发展中国家城镇与农民养老保障机制分离的发展趋势

之所以对农村养老保障机制和城市养老保障机制进行整合,是因为原来的经济部门不断向现代经济部门转变,而且,许多处在发展过程中的国家都在努力实现城市化。但是,需要注意的是城市化要经历一个漫长的过程,如果想要寻求捷径,或想一蹴而就,必然会给经济发展和社会进步带来不良影响,这种违背社会发展规律的做法会给环境、经济以及社会带来巨大的危害。因此,城市化工作要有步骤、有次序地合理进行,在此过程中,要整合好城镇和农村的社会保障机制。

五、非缴费型养老金保障机制在西部少数民族地区将发挥重要作用

《2004年世界发展指标》指出"经济增长和收入分配决定了减贫事业的持续进展",而要有效地消除农村贫困,能够使农村经济实现快速发展,对农村养老金收入进行再分配,必须要让经济增长、收入分配、消除贫困等实现良性循环,这样才能做好再分配和消除贫困工作,从而实现经济的增长。然而在这种协调发展的机制当中,一些低收入国家的非缴费型养老金计划发挥了重要作用,

如今许多低收入国家都非常重视这种机制,尤其值得我国西部少数民族地区农村这样一个特殊的低收入地区的关注。

第四节　西部少数民族地区基于土地流转背景下的农民养老保障机制改革建议

随着西部少数民族地区土地流转政策的逐渐推行,农民养老保障体系的构建呈现出了多样性和复杂性,但同时土地流转也为农民养老保障体系的构建提供了基础,如何立足于我国国情和西部农村经济社会发展实际,系统而周详地构建规范化的农民养老保障体系,真正使我国西部地区农民消除养老的忧虑,仍然是摆在我国各级政府与理论学界面前的一个重大难题。

由于本研究在前述农民养老保障机制创新与土地流转制度创新方面,均已提出了具体相关对策建议,因此,在此处仅考虑土地流转背景下西部少数民族地区农民养老保障机制改革的相关配套措施问题,提出以下几点改革建议。

一、加强对农民养老保障的立法与监督

(一)为农民养老保障提供立法支持

就目前在我国西部农村地区实施的养老保障制度来看,制定完善条例的只有农村"五保"制度,在行政法规当中,并没有有关低保和社会养老保险的规定。所以,我国政府应该加快步伐制定农民养老保障法,应该对个人储蓄养老、社区养老、家庭养老等内容作出规定,同时也要规定农民养老的形式、原则、性质等,要在立法角度上,规定农民社会养老保险的内容、性质和责任。要以法律作为基础,规定各级政府的监管、运营等职责,要让政府管理好养老基金。同时,应该依照西部农村地区的社会养老保障法制定相关的配套法律,如农村社会养老保险法等,同时还要制定各项条例,

包括农村个人储蓄养老保险条例、家庭养老条例等。在制定下位法时,一定要以上位法作为依据,下位法不能超过上位法的规定和权限,必须严格遵照上位法的要求,要建立一套完整的法律体系,要让各项法律、法规和制度相互配合、彼此补充,共同发挥作用。

(二) 在政府目标的考核范围中列入农民养老保障

近年来,我国在积极构建和谐社会,同时也在加快新农村建设,在新时期,政府要积极履行好各自的职责,政府等部门要做好执政为民工作,要让农民的养老问题得到有效解决。采用制定的老龄工作方式,发挥党政作用,同时调动社会各界的力量,一起做好养老保障工作,新农村建设总体规划就包括了解决西部农村养老保障问题,同时也将新农纳入考核政府工作的范围中,制定各项激励和约束机制,使农村养老保障制度获得立法保障。政府部门要充分认识做好西部农村养老保障工作的战略意义,从建设社会主义新农村以及构建社会主义和谐社会的高度出发,提高服务水平,制定完善的制度,为老年人制定各项优待政策,让农村老年人获得养老保障。并且,要让各部门一起发挥作用,形成强大的合力,调动社会各界的力量,一起创造一个良好的环境,尊敬老人、孝敬老人,使老年人获得更多的社会关怀。首先要进一步加大教育宣传的力度。要想让农村养老保障制度落实到位,各方一定要深入理解和学习该政策的内容。农村养老保障问题并不是某一个部门或某一区域的问题,它与国家的各个方面都存在密切的联系,当全社会都认识到它的重要性时,才能够提高农民参加养老保障的觉悟,才能正确地引导农民和组织农民自觉参加养老保障。要使用好各项媒体,如报纸、广播、网络等加强宣传,让更多农民了解到养老保障政策的意义和作用,真正拓宽农村养老保障宣传教育的深度和广度,我们还要注意运用身边的典型实例,让宣传教育发挥更大的作用,提高宣传的可信度。其次是建立、健全农村养老保障组织,推动组织的运行。就资金投入来讲,政府应该加大投入力度,要和农民一同进行投入,按照公共财政的规定,政府为农民养老投入更多的资金。同时也要建立新型管理机构,使政府发挥主导作用,社会各界一同参与,要让农村养老保障工作获得有利的领导。最后是要对基金运行的监督管理力度进行加大。要加强对养老保障基金的管理,让监督管理部门获得行政处罚权力,当发现基金运行中有违法行为时,要严格处理违法行为,让监管部门充分发挥作用。

二、进一步优化筹资机制,提高筹资水平和保障能力

就西部地区养老保障发展情况来讲,必须要建立全面的、适应养老费用增长水平以及经济社会发展水平的筹资机制,维系新型农村养老保障健康持续发展的关键是要保持养老适宜的保障能力和基金规模。根据我国西部少数民族地区的发展情况来讲,在建立农村养老保障资金的筹资制度时,指导工作应该做到分类进行,要结合各地的实际情况,必须让政府加大投资力度,要让经济社会组织和集体经济组织一同来分担,可对农民缴费工作进行鼓励或适度强制要求,使其进一步明确各出资主体的责任和出资标准。在此基础之上,使养老金的筹集更加规范和科学,要结合当地农民的生活情况和经济发展情况,逐渐使农村养老保障机制向城市化水平转移。

(一)筹资模式以政府财政投入为主,多元化筹集方式为辅

第一,政府要加大力度投入更多的财政资金。推动农村养老保障事业发展,是政府的一项重要职责。西部农村养老保障建设滞后的重要原因是因为政府长期的投入不足。农民参与养老保障较高标准的保障费用补偿需要政府财政提供更多的支持,这样才能调动农民参加养老保障,才能推动该制度的建立、健全,使养老保障制度充分发挥作用。从国外的一些经验来看,有保障能力的中央政府和省级(州)政府应该是社会保障、基础教育以及基本医疗卫生等支出责任的集中地,而不是将基层地方政府作为责任下放的主体。观察我国的财税体制可知,不同级别政府的财力是一

第七章 西部少数民族地区土地流转制度下农民养老保障机制改革的理论思考和政策建议

个"倒椎体型",政府的等级越低,拥有的财力越少,最上级的政府拥有的财力越多。举例来说,我国的中央政府集中了超过一半的财政资源,所以在为农村养老保障提供物质保障时,应该提高这些资源的使用效率。中央政府要做好各项工作,应该满足公众的需求,提供更多的公共产品,中央财政在农村养老保障体系的构建中发挥着重要作用。在规定各省、市、县等政府的权利和义务时,省级政府应该承担更多的义务,即要为养老保障提供更多的财政支持。一些地方政府的财政存在困难,上级政府应该减轻它们的负担,制定转移支付制度,在制定政策时,要向贫困地区倾斜。依照公共财政的规定,政府应该对支出结构进行调整,在对农村养老事业进行资金投入时,明确各自的出资份额使其不低于预算经常性支出的增长幅度,从而逐步地提高对农村养老保障的补助标准,落实到位使参加养老保障带来的实惠让农民群众能切身体会到;第二,可以通过社会各界的努力来为农民养老保障筹集更多的资金,还可通过向与养老保障密切相关的行业和产业开征农民养老保障税等多种方式,让农村养老保障从多个渠道获得资金,使养老保障获得充足的资金,从而发挥积极的作用;第三,制定更有效的方法,让农民能够自愿增加出资金额。在实施农村养老保障制度时,要以自愿原则为主,然而这并不是说在实施过程中无计可施、放任不管。我们可以按照民主、公开的程序,在尊重农民意愿的前提下,以各个村级为基础单位,采用投票方式决定集体是否参加,可要求民办企业、村集体全部参加,提高农民出资参保率。在尊重农民意愿的前提下,为降低筹资成本,可以制定更加科学有效的筹资方式,也可采取农民定时、定点、定额主动缴纳,还可采用村民代表大会方式进行讨论,最后由村民委员会收取保费。

(二)制定合理的筹资标准和统筹层次,加快城乡养老保障并轨步伐

就长远规划情况来讲,农村养老保障应该向社会养老方向过渡。无论是城镇居民,还是农村居民,都属于我国公民,所以他们

应该获得平等的权利。在我国的社会保障制度中,不能缺少的一部分就是农村养老保障,从整体上看,我们要共同研究农村养老保障和城镇养老保障,我们应当将两者统筹规划。所以,在我国的社会保障体系中,不应该让农村养老保障脱离出去。一些地区的经济较落后,要依照城乡一体化要求,逐渐提高农村养老保障的筹资标准,各地的政府部门要结合当地的情况,打破城乡二元制结构的限制,制定新型运行模式,使城镇职工和农村养老保障能够结合在一起,依照一定步骤和程序逐渐实施,要进行统一管理,建立完善的管理机制,推动农村社会养老保障向社会化方向发展,建立新型养老保障体系,摆脱城市、乡村的地域限制,使农民和城市居民享有平等的权利。2014年,财政部与人社部印发了《城乡养老保险制度衔接暂行办法》,这是我国进行城乡并轨养老保障的有益尝试。当然就全国情况来看,农村和城镇养老保障在筹资水平上还有比较大的差距,要想让城乡一体化养老保障目标得以实现,需要经历一个相当长的过程。对于西部少数民族地区来讲,这种差距更大一些。虽然新政策提出了农民有经济能力也可以缴更高的保费,但在西部少数民族地区的农民经济水平较低,难以负担更高的缴费。建议政府适当地对西部少数民族地区实施政策倾斜,加大政府的负担比例,减少农民的自筹比例,这样才能达到西部少数民族地区农村居民逐步与城镇居民养老保障接轨,实现城乡一体,公民都能享受到养老保障待遇。而且,因为保险是依照大数法则制定的,所以,当更多的人参与进来后,它的保障范围也会不断扩大,基金的运行风险能够得到很好的控制。因此,要使统筹具有一个较高的层次,做好每一级的统筹工作:步骤一,县统筹向市(州)统筹升级;步骤二,市(州)统筹向省统筹升级。在改善统筹层次后,使农民享受到平等的保障待遇,获得相同的服务,可有效提高服务水平,减少成本费用的支出,防范基金运行风险,这也是向社会养老保障过渡的必要程序。

三、积极推进新型农村社会养老保险制度建设

2009年6月24日,国务院常务会议决定在全国10%的县(市、区)开展新型农村社会养老保险试点工作。民进云南省委建议:可按年度缴费的方式,确定适度硬性的缴费标准和待遇标准,以当地往年农村居民人均纯收入的13%左右作为其最低缴费标准,而最高的缴费标准为其收入的20%左右,并可设定最低缴费年限为10~15年,参保人在60岁以后可按每月一定的标准从个人账户及统筹基金账户中领取自己的养老金。新农保制度的模式结合了个人账户和社会统筹账户,它的筹资机制涉及几个方面,包括政府补贴、集体补助和个人缴费,与老农保相比,有很大的进步与可取之处。2014年伊始,财政部与人社部又印发了《城乡养老保险制度衔接暂行办法》,对城乡的缴费标准进行了统一,农村居民和城镇居民一样,缴费标准分为三个等级,分别为100~1 000元、1 500元和2 000元。这样无论是农村居民还是城镇居民,只要经济能力允许,为了获得更高的养老金,都可以按照更高的缴费标准进行缴费。并轨后的养老保险金仍是由个人账户和基础养老金构成,中央财政为每个人每月补贴55块钱,地方政府可以在此基础上增加补贴;公民的养老保险账户中包括集体补助、政府补贴和自己缴纳的费用,当老人60岁后,将全部金额加在一起,设置标准系统,并计算每个月应发放多少养老金。并轨后的养老保险制度给在城乡之间流动、转移的群体、农民工及其家属带来了收益,对于进城务工人员,用人单位和个人要按一定比例缴纳职工养老保险,衔接办法出台后,以前在农村缴纳的个人缴费、政府缴费补助、集体经济补助,都可以进入个人账户。将来在城镇缴费如果满了15年,可以与城镇职工一样享受农村养老保险的待遇,将全部的缴费金额打入个人的账户一起进行计算。新政策的实施还处于起步阶段,因此,在积极推进新型农村社会养老保险制度方面,本研究提出以下几点建议。

(一)新型农村社会养老保险普及宣传的对策及建议

1. 提高普及宣传相关工作的计划水平和管理水平

20多年的农保实践经验表明,农保工作的开展必须循序渐进。一方面,农保在大部分西部农村地区是一个不熟悉的事物,它是一个新生事物。必须要给农民一个认识它的过程。与其他地区相比,西部农村经济较落后,有许多农民的收入都过低,在收入比较低的前提下还要缴纳保险费可能会加重他们的经济负担。因而农保工作的开展要循序渐进、一步一步地开展,不可急于求成。可以选择一些合适的地方开展试点工作,这些地方有一定的条件,农民对农保有一定的认识,之后逐渐扩大新农保的范围,使更多人参加进来,这样才符合经济发展的规律和人的认识规律。所以,地方政府在进行评判时,不应该只关注普及率,当受到资金、专业限制时,一定要依照标准,逐渐开展工作,要制定宣传计划,要做好全程跟踪工作,还要定期反馈,农保的宣传工作属于长期工作。

所以,一定要对计划进行严格的管理,要让宣传工作按计划实施,各部门应该加强合作与配合,可以让有丰富经验的工作者和农保专家参与工作当中,政府和统计部门要发挥主体作用,保证宣传工作能够顺利进行。

2. 增加普及宣传的人力、物力和财力

在进行农保普及宣传时,既缺少充足的资金,也缺少足够的时间,这一现象几乎存在于每个地区,这从一定程度上限制了普及宣传工作发挥的作用。在对农保进行普及宣传时,无论是相关负责人,还是社会保障部的各级工作人员等,他们都不是只负责这一项工作,这些人员还有其他工作要负责,因此他们无暇学习专业知识,致使普及宣传工作受到影响。对于普及宣传所必需的资金投入也是不足的。调查表明,不同地区的财政状况都存在差异,因此能够投入的资金都不同。观察我国各地的情况可知,各地区在这方面投入的资金都不足。在谈到普及和宣传工作时,每个地方的负责人都有不同的想法,然而,普及宣传要花费一定的费用,受到

第七章 西部少数民族地区土地流转制度下农民养老保障机制改革的理论思考和政策建议

资金的影响,无法有效做好这些工作,必然会给普及宣传工作带来困难。资金不足还严重制约着从事普及宣传工作的人员的保障和扩充。至于宣传方法,入户一对一的劝保是大多地区最常用的宣传方法,这虽然取得的效果比较好,但是任务量大、负担过重,对基层农保工作者来说是一个挑战,目前需要解决的难题是要为农保宣传工作提供人员,但资金的匮乏使得无法获得人员。因此,不仅要加大力度进行财政投入,也应该投入一定的物力,如设备,还要建立宣传的机构。而且,要设立一些专门岗位,要配备充足的宣传人员,在乡镇等部门,为了使农保顺利推广并实施,一定要配备专业的人员,开展宣传工作。

3. 提高工作人员的专业素质,提高工作效率

由基层干部具体实施一些工作,如普及宣传工作、特别是对农户进行访问和劝保的工作,由于这些村(及乡镇)干部都有一定的影响力,由他们来参与普及和宣传工作,具有一定的说服力,但这其中也存在一个明显的缺陷,即这些干部并不是专门负责普及的人员,所以在解释复杂的农保制度和政策、进行有效的普及宣传(从某种意义上来说是销售)时表现出了专业素质的不足。虽然通过频繁地组织干部进行培训可以加强干部们对政策制度的理解,但在充分理解政策和制度的基础上结合对方的实际情况提出建议并促进参保并不是一件容易的事,其负担之大可想而知。同时,人力资源和社会保障部门的工作人员很多也是同时兼顾其他业务的,很难确保其专业素质。应该培养一些专业人员或为一些人提供专业的培训,使从业人员具有较高的素质。

除了上面提到的几点,目前亟待解决的问题是采取哪些有效措施,帮助工作人员改善效率。宣传工作应该由一些部门共同来完成,各部门配合完成执行、反馈等工作,然而,就当前的情况来看,由县级以上政府制定计划,之后下达各项指标,乡镇政府接收指标后再下发到农村,农村接收指标后负责落实,此时县级以上政府的工作就完成了,村级干部负责完成其他宣传工作,如果村级干

部在宣传过程中出现问题或遇到了一些困难,上级部门也难以了解到这些情况,这会使宣传工作无法发挥作用。所以必须做好绩效管理工作,要在每个部门中都引入这项管理工作,让部门和部门间能够加强合作与交流,通过彼此的配合完成工作,还可以由每个部门派出代表,共同建立一个工作小组,专门来负责农保宣传工作,各部门形成合力后,信息上传速度就会加快,各个部门也能进行有效的沟通和交流,从而改善农保宣传效率。

4. 改进宣传工作和普及方法,鼓励创新

目前的活动和方法都是以向全体农民普及宣传全部政策和制度为中心的,但是为了使工作更有成效,需要针对不同对象(如农民工、被征地农民等)、不同状况和阶段(如针对有危机意识的农民、对内容和制度完全不理解的农民等)推广与之相适应的工作计划,采用适当的工作方法。此外,还可以结合当地的实际情况,在了解农民的具体需求和经济状况后,制定全面、具体的建议方案(如何与将来的其他可预见支出取得平衡等)的机制。

5. 要重视普及宣传工作的重要性

一些政府部门负责人(省、市级政府相关部门相关负责人)虽然关注普及宣传的结果——普及率,但他们认为(作为上级)政府只要出台政策就可以,没必要管普及宣传的具体工作。考虑到我国的现状,持有这样的想法并不为错。若是实行全体强制参保,无需实施普及宣传,参保率依然会很高。但是,考虑到"提高参保率在现行自愿参保制度的必要性"和"在我国农村社会养老保险制度的健康发展过程中,让所有农民都切实体会到参保的好处是不可或缺的",脚踏实地地开展宣传普及工作,让农民能够了解到农保的重要性。所以,要让宣传人员重视普及工作的重要性,努力履行好自己的职责。还应该注意宣传普及并不是在一朝一夕就可以完成的,它需要一个过程和时间,要坚持农民自愿的原则,努力做好宣传和普及工作,让农民能够深入认识到农保的意义和作用,让他们自愿参加到农保当中。

6. 加强反馈、监督部门的作用

到2020年时,应该要让适龄农民都享受到新农保,应该做好信息反馈工作,让决策层获得依据,制定科学、准确的决策,能够使宣传工作取得有效的成果。信息的反馈工作要让基层工作者在实际宣传工作中遇到的问题及时反馈,同时还可以反馈其他各项信息,如缴费金额、目标的完成情况以及绩效考核结果等,要做到全程的跟踪服务,要在跟踪过程中全面监督,发现问题后,采取有效的措施和办法,处理好各类问题,同时要为决策层提供有效的信息。决策层在制定各类决策时,都需要以全面的信息作为依据,这些信息就是通过反馈部门获得的,反馈部门必须将调查了解到的信息及时反馈给决策层,反馈部门要发挥辅助作用,帮助决策层开展各项工作。

在实施新农保时,不能缺少监督部门的支持,监督部门一定要履行好自己的职责,他们的存在并不是为了做好事后弥补工作,而是为了能够做好预防工作。正因为新农保是以自愿为基础,所以普及宣传部门遇到的问题也越来越多,依照社会保险理论,社会保险应该是由政府强制推行的。但观察我国的现状可知,农村地区农民收入偏低,经济发展存在着严重的不平衡性,一些地区经济落后,农民的收入有限,假如不能做好宣传工作,农民无法认识到新农保发挥的作用,很难让当地的农民参与新农保,在一些经济较发达的地区,很容易推广新农保,此时政府也能创造较好的政绩。地方政府为了提高政绩,在开展宣传推广工作时会出现一些问题,因此监管部门必须发挥作用,对各部门的工作进行监督和管理,要坚持自愿的原则,努力做好宣传工作,让农民对新农保有深入的认识,当他们了解到它的巨大作用,就会愿意参加新农保。

(二) 建立我国社会保险基金市场化投资管理机制

就农保基金而言,一项重要工作是建立基金管理和风险防范机制,使基金能够实现保值增值的目的,同时也要防范各种风险的发生。建议我们国家的农保基金采用市场化投资管理方式。这种管理方式是指农保基金不进入财政专户,而是进入资本市场中,在市场中进行投资管理,社保基金托管机构负责管理该项基金,使资产实现增值保值。根据我国社会养老保险基金的性质和特殊国情,建议采取以下积极的基金投资管理政策措施。

1. 明确基金的法律地位,确定有中国特色的基金投资管理主体

我国社会养老保险基金不是国有资产,也不是财政拨款,而是最终要归还给公众的养老钱,基金的权益最终属于参保人。因此,一定要根据中国社会养老保险基金的性质,明确责任主体,在管理方式和管理体制上区别于国有资产和财政资金,同时学习其他国家的优秀经验,使我国的社保基金投资管理最终由劳动保障部门管理,打破原来财政部门管理社保基金的现象,可以建立专门的机构,使社保基金能够实现保值增值,并且要防范各类风险的发生,并不是只设立社保基金专户就大功告成了,也不能再限制它的投资政策,如果社保基金只能用来购买国债或存在银行,它的保值增值功能必然受到影响,需要注意一点即进行投资时不应该都委托给社保基金理事会。

2. 提高基金管理层次,建立有中国特色的基金投资管理体制

目前,不仅不同险种的基金分散管理,而且绝大部分基金的投资、管理、运营集中在一般不具备相应基金管理人才、技术和资本市场投资主体资格的市、区、县一级。市、区、县在管理社保基金时存在一些问题,如没有采用有效的管理手段,在管理时容易受其他因素的影响,经常发生挪用基金的现象,基金管理运营的效率不高。从发展趋势看,市、区、县管理"社保"基金也难以获得资本市场的投资主体资格,难以形成适应市场经济要求的基金投资管理的治理结构和风险控制机制。因此,应积极探索基金由省、市、县分级管理办法,要确保基金的统筹单位不发生改变,逐渐使基金管理向着高层次转变,要建立完善的基金投资管理体系,可以建立基金投资委员会,由省和部一同管理,使基金治理结构更加健全。

3. 加强制度建设,制定有中国特色的基金投资管理制度

一是要制定统一规范的基金投资管理办法,同时要健全社保保险基金支付、运营等环节的管理办法,规范业务流程,加强内部管理。二是要加强基金的账户管理。基金要全部进入社会保险经办机构在国家控股的商业银行开设的"社会养老保险基金专户"。社会保险基金要实行第三方托管,统一由人力资源和社会保障部认定的国家控股的商业银行作为社会保险基金的托管人。三是要监督管理好社保保险基金,要对基金管理工作进行全面的监督,防范各类风险,使基金更加安全。四是要建立监督管理报告制度,定期公布基金投资管理、投资组合和投资收益等有关情况。五是要加强对社会保险基金的外部审计。日本和美国公共养老基金的投资,都聘请外部会计师事务所进行审计。我国社会保险基金虽有多个部门参与管理监管,也取得了一定成效,但由于各级政府审计部门不可能把所有力量都投到社会保险基金投资管理方面,依然出现了基金挪用等问题。目前即使出现问题,也难以对这些部门进行处罚。聘请外部审计机构,由于他们要承担连带责任,则可能达到加强基金投资管理和监督的目的。

4. 按基金性质和承担风险能力的大小,制定有中国特色的分类投资政策体系

一方面,在普通国债规模和普通国债市场有限的条件下,明确政府在社会保险基金投资管理中应发挥基础作用,应承担起社会保险基金保值增值的主要责任,制定新的投资政策,如使用社保基金购买国债。即不允许社会统筹账户基金在证券市场投资,主要投资特种国债或普通国债等低风险产品;另一方面,借鉴美国、英国、新加坡等国公共养老基金投资管理的成功经验,明确市场在社会保险基金投资管理中应发挥补充作用,制定养老基金和企业年金在证券市场投资,甚至是高比例投资的政策;可以采用资产证券化的方式,通过委托担保投资回报率较高的国家基础设施和重点项目;可在银行间债券市场直接购买政策性金融债、中国人民银行

发行的央行票据、财政性基金或资产状况较好的金融机构担保的AA级以上信誉的企业债券等。同时,明确企业年金及各种个人账户的养老基金的投资组合中应配备一定比例的普通国债或特种国债等低风险产品。这样,就可以形成社会保险基金政策的合理组合;确保社会保险基金风险的可控和收益的稳定;使社保基金能够参与投资管理,创造更多的经济效益。

5. 制定有中国特色的由商业银行向社会养老保险基金定向发行特种产品的投资政策

虽然政府可以承担起社会保险基金保值增值的主要责任,也可以在社会保险基金投资管理中发挥作用,但政府也是有限的政府,政府信用也是有限的。假如政府在基金保值增值方面要承担过多的责任,这会增加政府的压力,当基金规模越来越大时,政府制定的政策也会受到影响。在我国已经是社会主义市场经济体制的条件下,应该采用一种新的投资管理方式,而不是只将社会保险基金存入银行中,可以通过商业银行让社会保险基金发挥保值增值作用,可以制定各类政策,让商业银行为社会保险基金发放一些专门性的产品或社会保险基金可以投资特种产品,不仅可以减少成本,还能获得较好的收益,同时可以让参保人、政府以及银行等多方一同获得收益。这说明,要想让社会保险基金实现保值增值,可以让商业银行发挥巨大的作用,商业银行可发行一些特种产品,这类产品的风险较低,但能够获得较高的收益,还可以让个人和社会统筹账户基金购买商业银行的债券,特种国债或普通国债等的低风险产品信用仅优于直接投资商业银行特种产品。而基金的投资管理则由商业银行按收益最大化的原则进行。

6. 制定市场化的社会养老保险个人账户基金投资管理政策

为了使基金的安全性得到保证,同时让基金实现保值增值,应该对社保基金的投资管理行为进行监督和管理,使参保人的权益得到维护,促进社会养老保险制度的可持续发展,我们要依据国务院的相关规定和国家有关的法律、法规,制定一些关于社会养老保险个人账户基金投资的管理制度。在管理个人账户基金投资时，可采用委托投资方式，这是一种很好的方式，可以挑选一些信誉良好的投资机构，在进行托管时，可由具有资质的商业银行来托管，建立专门的管理委员会。如果投资机构、托管机构得到管理委员会的授权，可以签订托管合同等，确定委托方和代理方的关系。"安全第一"是社保个人账户基金投资需要遵循的原则，因此要对投资比例和范围进行限制。根据社会养老保险个人账户基金以及资本市场的变化运作情况，财政部门、社会保障部以及其他部门可以对投资比例进行调整或限制。在进行社会养老保险个人账户基金投资时，必须做好几个方面的监管工作，要对各类风险进行全面的控制和防范。各类机构要依照社会养老保险个人账户基金投资管理的要求，建立控制风险和管理投资的制度。要对投资、经办和托管机构进行全面的监管，这些工作都是监督管理机构的要职所在。

7. 大幅度提高社会养老保险个人账户基金在证券市场投资的比例

社会保险基金积累时间一般长达30年，甚至更长。发达国家经验表明，在证券市场进行长期稳健投资的风险为零，而收益不仅非常稳定，且会大大超过社会平均收益。以美国为例，从一百多年GDP的增长和道琼斯指数走势图我们可以从中得到两个结论：第一，就大的发展形势而言，两条曲线十分完美地拟合在了一起。这就意味着，国民经济的发展变化在股市的发展变化中得到了充分的反映，两者是共同成长的、共同发展变化的，长期投资股市是没有很大风险的。第二，美国GDP的增长曲线比较平滑。就某一时段而言，道琼斯指数同美国GDP的发展趋势及走势并不是完全一致的，经历的时段越短，两者差异反而就越大，有时道琼斯指数走势波幅较大，甚至与GDP的走势背道而驰。这表明，股市虽然是国民经济的"晴雨表"，但在短期内投资也是有风险的。不过，短期投资风险可以通过一定的技术手段来化解，短期投资风险不应该影响长期的投资决策。因此,可以也应该大幅度提高社会养老保险个人账户基金在证券市场投资的比例,如可以提高到70%以上。

8. 探索开展社会养老保险个人账户保险资金质押贷款业务

保险质押贷款是在总结完善新疆呼图壁县农村社会养老保险基金投资管理经验的基础上实施的一种创新政策。目前,在内蒙古、江西、四川等地已经推广了保险质押贷款,这是农保工作的一大创新。保险质押贷款指的是参保人在参加养老保险后,如果在生活或生产过程中遇到资金匮乏问题,参保人此时可利用一定的抵押物从金融机构获得贷款,抵押物是社会养老保险缴费手册,既可以是自己的,也可以是他人的,按照相关程序,到规定的银行等金融机构按个人账户积累余额的一定比例(80%～90%)办理委托贷款的方法。社会养老保险质押贷款可发挥三方面的作用:一是可解决参保者在参保期间短期内的融资困难,增强社会养老保险制度的吸引力,赢得参保人对社会养老保险工作的积极支持和信任;二是可拓宽金融机构的信贷业务,进一步推进城乡金融创新,特别是农村金融创新,帮助农民积累资产,实现资金的市场化配置;三是可将拓展社会养老保险个人账户发展功能与金融改革创新有机结合起来,开辟基金保值增值的新途径,为城乡居民提供更便捷的金融服务,满足广大居民生产、生活对资金的需求,将社会养老保险制度发展成为一种集储蓄、养老、保险合作多种功能于一体的新型社会养老保险制度。将社会保险基金引入市场,通过市场化投资获得更多的收益,从而使参保的农民获得更多的回报。同时,由于对基金托管人和基金管理人的资格标准、信誉等级和管理水平等的严格限制和市场竞争机制,其实际收益要高于市场平均水平。建立储备积累个人账户的保险模式,走市场化投资管理道路,符合市场经济的发展方向。基金进入市场不仅仅是一种金融创新,而且也是社会保险在中国的制度创新。社会保险基金流入市场,可以让资本市场实现快速发展,可以让西部地区在发展过程中获得更多的资金支持,届时社会保险基金发挥的作用将更加重要,它不仅能够使社会发展更加稳定,还能推动一个地区的经济发展。

(三) 新农保改革建议

社会养老保险制度是社保的重要构成,依照社会养老保险制度的要求,我国的所有公民都应该参保,这样才能实现收入再分配,从而使社会保险基金实现保值增值,换言之,社会养老保险制度作为一种社会机制,它能够对各阶段的国内生产总值进行再分配。就我国西部的许多地区来讲,城镇职工是通过特殊的方式参保,即个人账户和社会统筹基金。与这种方式相比,新农保则使用了新形式,这种方式是自愿性质的,由个人账户养老金和基础养老金组成。但这种形式很难确切地说是社会保险。因为基础养老金来源于税收,可以将它看成是政府支出的老年补贴,这与低保有着相同的性质。就个人账户部分来看,这是参保者自愿参保积累的,并不是社保强制要求的,这一点和商业保险有相似性。因此,就制度性质来讲,新农保是以旧农保为基础新增加的养老金制度。

在新农保制度中,一个特殊的方面是政府投入了财政支持,此时需要考虑的一个问题是政府应该采用哪些方式投入资金。如果只是简单地将基础养老金和个人储蓄养老金结合在一起,这种方式并不是最明智的。

观察我国的国情可知,我国目前还处在发展中阶段,国家还没有实现完全富裕,但我国已经进入了老龄化阶段,面对这种复杂的形势,我们应该借鉴和学习其他国家的优秀经验,在西部少数民族地区推广社保制度。可以将基础养老金制度当作是推广的前提,然后实施原来的农保制度。

四、健全西部少数民族地区最低生活保障制度

就我国的地域分布情况来看,西部少数民族地区和贫困地区刚好重合在一起,这些地区的自然条件差,生态环境容易遭受破

坏,大部分农民缺少能力抵御各种风险,如果让他们通过自己的努力去脱贫,目前还不太现实,在这种情况下,国家应该制定扶贫救助制度,帮他们摆脱贫困。首先,应该重视西部大开发战略,该战略是站在国家角度上制定的发展战略,对于推动地区经济发展,改善区域社会条件有着重要作用,同时要制定社会保障制度,开展各项扶贫工作,这样一来,才能帮助中西部少数民族地区的人民走出困境,在这些地区建立社保体系,要让西部农村地区的农民获得低保,帮助他们解决生活和生产中的问题,让所有贫困人口都可以享受到生活保障,努力实现低保制度的建立目标。

（一）出台最低生活保障法,使农村低保制度有立法保障

社会保障是对国民收入进行再分配,分配是依靠国家强制力完成的。社会保障能够让公民具有一定的能力去防范各类风险,让公民获得某些经济扶助。社会保障工作的强制性和权威性要得以充分的体现,只有将社会保障制度上升到法律的层面。为了能够结合各地的实际情况开展工作,全国人大应制定最低生活保障法,每个地区都要结合当地的情况,依照上级的规定制定与当地情况相符合的制度和规定。少数民族地区在制定各项规章制度时,可以将最低生活保障法作为依据,同时可考虑当地的民族文化情况,制定出具有当地特色的政策和制度。中央政府和地方政府都要明确各自的职责,要合理确定保障标准和对象,要监督好低保资金的使用情况,这样才能在开展低保工作时获得法律保障,让它能够按照各项制度开展工作,必须要将最低生活保障工作纳入法律管制的范围。

（二）采用多元化的方式筹集农村低保资金

我们的最低生活保障工作是社保体制的基础,这项工作不仅是民政部门分内的职责,而且属于社会化工程。要想处理好这项工程,一定要加深认识,积极寻找联动管理方式,构筑完善的社会救助体系,不再是依赖于民政救助。各地政府要将农村低保资金列入财政预算中,建立专项支出项目,做好专项管理工作,提高专

第七章 西部少数民族地区土地流转制度下农民养老保障机制改革的理论思考和政策建议

款的使用效率,通过多元化的渠道,进行资金的筹措。各级财政都要发挥资金筹措功能,村集体还应该依照一定的比例分担一部分责任,同时结合各地的实际情况,一些地区的经济较落后,可为这些地区制定扶持政策,做好转移支付工作。在拓宽渠道时,可做好以下几项工作:

(1) 西部少数民族地区经济比较落后,因此中央政府可为这些地区提供更多的财政支持。例如,个税分成,最近几年,我国个税收入每年增加10%。这说明,在筹集低保资金时,个税发挥的作用非常重要。通过科学合理的税收收入对国民收入进行再分配,能够减少社会的贫富差距,推动和谐社会的构建工作;还有一些收入可通过工业性返还分配,我国的一些重点项目或基建项目,都是国企依照一定比例进行计提的,在这部分收入中,可以设置一个比例,将一部分收入投入农民最低生活保障中。观察低保的资金来源情况可知,我国的中央财政为农村低保提供了大部分资金支持,我国社会保障工作的开展,不能缺少中央财政的支持。在少数民族地区,政府发挥的主导作用,使这些地区的人民也获得了生活保障。但是,就目前中央政府和地方政府的职责履行情况来看,他们没有进行明确的职责划分,东部及沿海地区的经济比较发达,它们在筹措资金时有充足的能力,但它们也希望中央政府能够支持他们,希望分得中央政府的一杯羹,中西部地区的经济比较落后,它们无力筹措到更多的资金,因此也只能将希望寄托在中央财政上。资金的筹集工作涉及许多方的利益,因此必须要让各主体都明确职责,这样才能建立稳定低保资金筹措机制。

(2) 我国西部少数民族地区政府都没有充足的财力,因此要结合每个地区的现实状况,合理安排当地的低保资金的匹配。要对地方的财政进行全面分析,确定在筹措低保资金时,地方财政能够发挥作用,从而推动地方低保工作的开展。就当前的情况来看,在农民低保资金筹资结构中规定,地方财政部门必须履行好自己的职责,但是也必须注意到一个问题,不同地区的经济发展水平不同,与东部及沿海地区相比,我国中西部经济比较落后,这些地区的财政匮乏,没有能力为低保提供较多的资金支持,当财政部门拨付了预算资金后,在实际操作时,很难完全依照中央的规定做好本级配套工作,因此县乡等政府在资金筹措中往往无法发挥有效作用,所以,西部少数民族地区在筹措低保资金时,可结合当地的实际情况来进行,一些地区的经济发展情况较好,可在集资时加大力度,一些地区的经济较落后,此时中央财政和省级财政要提供一定的支持。

(3)可让社会各界共同发挥作用。在筹集低保资金时,既要使各级财政发挥作用,也应该采用一些新型方式,使社会力量能够发挥作用。最近几年,我国慈善事业发挥的作用越来越重要,所以,政府可以引导慈善事业的发展,让社会组织和企业能够积极承担社会责任,要让社会公众都能参与低保资金的筹集工作中,不断开拓渠道,利用好慈善家、企业家的捐款,利用好福利彩票收入,让个人和社会团体都能够参与低保资金筹集工作中。将社会资金有效结合起来,既能让低保获得更多的资金支持,也能使社会监督充分发挥作用,这样一来,低保资金就可以发挥巨大的保障功能。

(三)了解少数民族地区现状,改革与创新目标瞄准机制

就当前的情况来看,在对西部少数民族地区进行贫困救助时,使用的是分类保障法,即将最低生活保障的救助对象分门别类:如失去劳动能力的特殊保障对象、因身患重病或身体残疾的人、"三无人员"(包括无劳动能力、无生活来源、无法定赡养人或抚养人的孤老或孤儿),以及一些因特殊原因导致家庭贫困的,他们目前无法达到最低生活水平。在实施低保工作时,采用分类保障的方法,虽然可以结合各类弱势群体的实际情况展开救助(如对失去劳动能力且没有抚养人的高龄老人提供医疗救助等),但是要对接受最低生活保障的对象的资格认定和保障范围的确定上还存在许多问题,如要想做好分类保障工作,就要对各类人员进行全面的了解,包括他们的收入水平、收入来源、家庭构成、贫困原因等,如果哪一

方面没有处理好,这项工作就会遇到巨大的阻碍,也会发生有失公平的现象。所以,在制定保障标准时,应该结合每个地区的财政收入情况,让一些有劳动能力的低保人员接受劳动培训,让他们一边享受低保待遇,一边凭借自己的努力摆脱贫困。

在设计低保保障标准时,许多地区都是将农民在生活中需要的生活必需品作为一项清单,考虑到当地经济发展情况,对农民每年花费的基本生活费进行测算,即"菜篮子法"。除家庭成员患有重大疾病或者最近一两年进行房屋翻修、修缮的农户,绝大多数的农民生活水平大致是相当的。各家家庭电费具有一定的差异,调查低保户农民可知,大部分家庭的电费都在8～40元之间,还有一些特困户,每月用电费用低于20元。在调查经济条件一般的农户后发现,大部分家庭的电费每月都超过了40元,每年用电费在800～1200元。所以,每个地区都可以结合当地的现实状况,对低保标准测算方式进行创新,如可将居民用电量作为一项标准,同时采用菜篮子法来认定低保用户。另外,要本着实事求是的原则对低保户进行入户调查,为起到相互监督的作用,同时避免工作人员在工作当中包庇农户、优亲厚友的现象发生,入户调查的工作人员必须有2名或者2名以上。在调查低保户时,应该对他们的家庭生活情况进行观察,要了解农民有哪些经济来源,在调查时,可向低保户的邻居了解情况,还可定期走访低保对象,了解他们的生活情况、收入变化情况等,要记录好走访活动。

(四)使农村低保和扶贫措施、社会救助等结合,建立长效机制

各部门的积极参与才可以使西部少数民族地区的农村低保工作做好、做到位。我国西部少数民族地区的农民之所以贫困,有着许多方面的原因,要想使他们获得生活保障,只依靠社会救助项目无法发挥有效作用,所以应该将低保和其他社会救助相结合,如司法、扶贫、教育、就业等救助结合在一起,使各项政策能够共同发挥作用,建立一个民生工程,确保它可以为人们带来好处。每个部门

的人员都应该履行好自己的职责,既要制定各项优惠政策,进行科学的引导,也要发挥技术、管理、信息等优势,使农民享受到各项扶贫配套优惠。扶贫部门要对扶贫对象进行审查,审查之后是工作方案的制定,最后是调查摸底和对象识别的组织工作。帮助贫困农户建设一批投资少、见效快的项目,把有助于直接解决群众温饱的种养业作为扶持的重点,使收入较低的农民都能够获得稳定的收益,要为这些农民提供技术指导,同时为他们提供资金支持,使贫困农民通过努力,从贫困中脱离出来,最终实现富裕。民政部门也应该和其他部门的人员一同开展工作,做好扶贫对象调查工作,对他们进行审查、审批。财政部门要为扶贫工作提供资金支持,同时也要监督和管理各项资金的使用情况。统计部门要对各项数据进行统计分析,以这些数据作为依据,制定相关的标准和政策。残疾人联合委员会要及时对残疾人提供帮助,对这类人员的信息进行调查和核对。如果是一些重点项目,要求各部门组成联合工作组,要让扶贫办、民政局等部门实现联合,让各部门加强交流与合作,各部门一同努力,形成合力,共同落实好低保工作。

(五)加大力度监管低保资金,建立完善的低保对象动态管理机制

在开展低保工作时,一定要监督管理好低保资金。必须加大力度做好管理工作,让低保资金真正帮到需要帮助的人。在管理低保时,财政部门可以建立专门的账户,可核算低保资金的转账情况,并管理专项资金,使专款发挥更大的作用,确保低保资金能够按时发放,使运营工作更加安全。同时要做好社会监督工作,使低保资金的使用更加公开、透明,要公开低保金的相关信息,制定约束制度,使低保资金的运营更加规范;如果在实施低保制度时发现有一些不良现象发生,如擅自使用低保资金、拖欠农民保障金、贪污保障金等,必须对违法人员进行严厉的处罚,并且还要依法追究他们的刑事责任;如果农民符合低保条件,要及时将他们纳入进来,使他们能够获得基本保障;当一些家庭的收入有所改变时,应

该为他们变更手续;当一些农民不再享受低保待遇时,管理审批机关应该按照一定的程序,通知到农民,向他们讲清原因,将领取证收回。

五、关注西部少数民族地区农村特殊群体养老保障问题

(一)解决被征地农民养老保障问题的政策建议

1. 进一步改革征地制度

(1) 合理设置征地的补偿标准,要让失地农民获得合理的补偿,满足他们的基本生活需要。依照《物权法》的规定:在对集体所有土地进行征收时,要支付各项补偿费用,包括安置补助、土地补偿费以及青苗补偿费等,使失地农民能够获得社会保障,让他们的合法权益得到维护。我国国务院也对土地使用权的出让作出了相应的规定:要在征收土地后,足额支付补偿费,使失地农民获得各项补偿费,包括拆迁补偿、征地补偿等,要让失地农民的生活得到基本保障,要对基本生活补助费和社会保障费进行提取,使失地农民获得社会保障补助和生活补助,要让被征地的农民不会因失去土地影响到他们的基本生活。要让失去土地的农民的社会保障权得到维护。要坚持以人力本,要尊重失地农民的意愿,应该保障被征地农民的各项权利,包括参与权、知情权、监督权等,使征地工作更加公开、透明。在发放补偿标准和安置告知书时,相关部门同时为失地农民制定基本生活保障方案,得到同级政府的许可后,让被征地农民了解告知书内容。在举行征地听证时,不能剥夺被征地农民的听证权,要让农民有机会表达自己的合理意愿,依照相关的法律法规,不断对失地农民的社保方案和补助标准进行修改和完善。

2. 建立征地预存社会保障款制度

《土地管理法实施条例》中提到:在征收农民的土地后,要为农民发放补偿,各项补偿费用应该在批准安置方案后的3个月内支付。在国务院制定的有关土地调控的通知中也提到:如果

没有落实社会保障工作,征地方案不能获得批准,在征地前,要建立社保资金专户,在账户内存入被征地农民的各项社保支出,依照相关管理原则,使专项资金用到实处,要让被征地农民获得足额的保障资金。如果是先行用地,可以依照相关的征地补偿标准,提前预存。当国务院或省级政府批准征地申请后,人力资源部与社会保障部以及国土资源部要依照相关标准,对被征地农民进行补偿,让他们获得足额的社保资金;如果征地申请没有得到审批,人力资源与社会保障部要将社保资金退给申请征地的单位。在征地补偿程序完成后及时退回原缴款单位预存社会保障资金有余额的部分。预存征地补偿款余额不足的,缴款单位要及时补足。如果用地项目是经营性质,征地单位要按照核算好的社保费用,在被征地农民社保专户中存入足额的费用;如果用地项目是公益性质,财政部依照核算好的社保费用,在被征地农民的社保专户中存入足额的费用。

3. 被征地农民社会保障工作审核制度的建立

在审核被征地农民的社保内容时,应该注意以下几方面:当地政府制定的有关失地农民的保障实施办法与国务院制定的文件是否相符;在制定的被征地农民社保实施方案中,是否详细列明了各项信息,如项目、保障对象、标准等。申请征地单位提交的各类材料,包括付款凭证、对账单等;在为被征地农民建立社保制度时,做好提前告知工作;要让被征地农民的合法权利得到维护,如知情权、参与权、表达权等。要对被征地农民的社保方案进行审核和备案。

4. 加快建立被征地农民的社会养老保险制度

将个人缴费、个人账户、政府补贴等结合在一起,要让调地农民和失地农民的养老保障问题得到解决,在新农保中,将调地农民和失地农民都纳入进来,同时在新农保缴费补贴中计入劳动力安置补助费、土地补偿费、社保费等,使保障水平能够得以提高,让农民的利益得到维护。

5. 合理解决被征地农民养老保障问题

按照加快建立覆盖城乡居民社会保障体系和应保尽保的要求,对于历史上形成的老的被征地农民,要多渠道、多方位解决这些人的社会养老保障问题:①政府部门、村集体或个人可以缴纳一部分资金或政府缴纳所有资金,采用补缴养老保险费的方式参加新农保、城镇职工基本养老保险等。②失地农民可优先获得基础养老金。③失地农民的个人账户养老金可以采用许多办法解决,如贷款、政府贴息等。④被征地农民如果没有能力参加养老保险,可让他们享受到低保待遇,从而维护他们的合法权益。

6. 制定被征地农民就业促进政策

(1) 为被征地农民发放就业专项资金。依照国务院制定的有关加强再就业和《就业促进法》的规定,各地应该重视为被征地农民提供培训,安排他们就业,应该统筹安排好征地费用和就业资金,被征地农民可以享受到一系列优惠政策,如职业培训、职业介绍、社保补贴等,同时各级政府在国有土地有偿使用中,为失地农民每人发放 1 000 元至 2 000 元的费用,结合就业专项资金一同使用。

(2) 为失地农民制定失业保险政策。视同城镇登记失业人员的被征地农民,他们如果满足条件,即有劳动能力,且在劳动年龄内,相关部门可将就业登记证发放给他们,让他们也享受到就业扶持优惠;如果失地农民无法就业,可将他们作为下岗失业人员看待,为他们发放再就业优惠证,让他们享受再就业扶持政策。

(3) 对失地农民进行就业援助。当地政府在制定就业援助规划时,应该重视被征地农民的利益,将他们作为扶持的重点对象,可以安排公益性岗位,同时也可为他们制定一系列优惠政策,如税费减免、社保补贴、贷款贴息等,在就业资金支出范围中纳入失地农民,帮助这些农民再就业,也可鼓励一部分农民自主创业。各级政府应该做好这方面的工作,可采用更多形式让被征地农民获得就业机会,使公益岗位范围不断得到扩充,开发新的就业岗位等,做好动态管理工作,帮助被征地农民落实好再就业,要让被征地农民的合法权益得到维护。可为被征地农民的子女提供职业技术教育,为失地农民发放较高水平的生活补助,扩大自主创业补贴范围。

(4)选择一些地区进行社保制度建设试验,对失地农民的就业问题投入更多的关注。依照社会主义和谐社会的建设要求,将一些具有条件的县、市区当作试点建设区,这些地区的社保工作有较好的基础、拥有较强的管理能力,具有改革创新的条件等,在试点地区进行社保制度建设,并解决农业就业问题。这些试点地区应该积极进行探索,找到维护被征地农民利益的方法和措施,如为他们提供就业培训、农业安置、货币安置、土地出租等,在进行城市规划时,帮助规划区内的农民办理农转非,对移民后的农民进行扶持,为被征地农民建立土地增值收益机制。可以建立就业创业基地,为被征地农民提供补助,让被征地农民享受到各项优惠待遇,如获得就业补贴等,鼓励一些农民进行创业,建立社保政策,为农民提供更多的就业机会。

(5)规范关于被征地农民社会保障工作,为被征地农民制定养老保险办法。在召开中共十一届三中全会时提到要做到"先保后征",在养老保险办法中全面规范各项有关被征地农民养老保险的制度,如保障对象、制度模式、资金筹集等。

(6)做好失地农民的社保工作。①因建设水利水电工程项目而被征地的农民,应该享受到合理的补偿,同时要制定相关条例,让他们获得移民安置,让他们享受较高水平的社保安置补助费用。②重视特殊地区人员的社保制度建设工作,如矿区农民、退牧还草农民等,要结合当地的实际情况,为他们制定各项政策,使他们获得生活保障。

(7)在开展失地农民社保工作时,要建立工作领导责任体系。严格依照相关条例对违反制度的人员进行处理,建立责任追究制度,要严厉处分贪污社保费用、挪用社保费用以及没有按照规定使用社保费用的行为,各地区政府负责领导开展失地农民的社保工作,被征地农民社会保障工作由各级人力资源与社会保障部门负责,要建立农保工作领导责任体系,上级要管理好下级的工作,各部门要互相监督,彼此制约,共同落实好被征地农民的社保工作。

7. 建立协调机制,处理好被征地农民就业、住房和社保工作

建立社会保障、国土资源、住房与建设等部门的协调机制,让各部门加强交流与沟通。各级政府应该做好领导工作,其他部门共同制定政策,采取措施,为失地农民解决住房问题、就业问题和社保问题,要制定各项工作的通知,同时要全面协商制定安置被征地农民的工作计划,要对每个地区的工作进行监督和检查,确保落实好上级制定的有关解决被征地农民住房、就业以及社保的政策,在执行工作过程中,发现问题要及时解决,使被征地农民的利益得到维护。

(二)解决农民工养老保障问题的对策及建议

农民工的现状与特点决定了其养老保险制度建设,是统筹城乡经济社会发展,加快建立覆盖城乡居民的、有中国特色的新型养老保险制度和明确城乡养老保险接轨的重点和难点。按照双向推进的制度建设思路,农民工养老保险制度建设应该有两种思路,按照《城乡养老保险制度衔接暂行办法》中有关"城保"和"新农保"两个制度平台整合农民工的格局,根据农民工就业稳定程度和收入高低差异,区别不同情况,制定可在"城保""新农保"制度之间灵活选择的参保政策。一是按照统筹城乡的要求,对发达地区和部分就业稳定、收入较高的农民工,按已制定的农民工参保办法,参加城镇职工养老保险制度。二是对就业相对稳定的农民工和就业比较灵活、收入较低的不具备进入"城保"条件的农民工,按新型农村社会养老保险制度的要求参保。

本研究赞同人力资源和社会保障部制定的《农民工参加基本养老保险办法》征求意见稿中的制度建设思路和主张:一是实行低费率,以实现广覆盖。用人单位缴费比例为12%,农民工个人缴

费比例为4%。农民工个人也可自愿选择个人缴费比例为8%。农民工与用人单位签订劳动合同时,明确个人缴费比例。二是建立个人账户。为农民工建立基本养老保险个人账户,农民工社会保障号码为其全国通用、终身不变的个人身份证号码。农民工个人缴费全部记入个人账户。三是方便转移接续。农民工离开原来的就业地想要到新的地方打工,原打工地的"社保机构"应为其提供关于参保缴费的凭证。农民工跨统筹地区就业并继续参保的,由"社保机构"负责办理基本养老保险关系转移接续手续;农民工返乡或未就业导致不能继续参保的,原则上不再办理退保,暂时封存个人账户,个人账户基金不间断计息。农民工重新就业的,由用人单位向当地"社保机构"出示其参保缴费凭证,并办理续保手续。四是执行"城保"待遇计发规定,完善"城保"和"新农保"的接续办法。缴费年限累计满15年、符合待遇领取条件的农民工,按照"城保"的有关规定,计发养老保险待遇。缴费累计不满15年的,可将养老保险关系及资金转入其家乡的"新农保"制度,按规定享受"新农保"待遇。五是建立全国"社保"信息查询系统。国家将首先从农民工做起,建立全国社会保险信息查询系统,逐步推广使用社会保障卡。农民工在全国各地"社保机构"都能查询本人的养老保险权益记录信息,方便办理养老保险关系转移接续手续,如根据农民工目前收入,按16%~20%的个人账户规模,农民工和用人单位缴费15年,个人账户基金投资收益率4%,农民工平均余命15年测算,农民工达到领取年龄时,每月可领取384~480元的养老金。同时,农民工大多拥有土地承包权,可以享受到土地收益分配,相应为其晚年生活提供一定保障。

上述农民工按实际缴费年限和不同制度规定享受退休待遇的设想,不仅大幅度将"城保"制度的缴费标准降低到16%~20%,而且认同确立了"城保"和"新农保"两个制度平台,是研究建立适合农民工特点的养老保险办法的重要进展。但上述思路实际上只是降低了单位和个人的缴费标准,改变了允许退保的问题,这既没

第七章 西部少数民族地区土地流转制度下农民养老保障机制改革的理论思考和政策建议

有从根本上触动"城保"制度存在的深层缺陷,又没有在制度上有所创新,不能从根本上解决农民工的养老保险问题。因此,针对以上出现的一系列理论、政策、制度和技术难题,本研究就新型农民工养老保险制度建设方面提出以下补充性改革建议:

以农民工为重点,率先建立普惠性新型养老保障制度,要依照相关要求,不断扩大新型养老保障制度的范围,使农民获得基本生活保障,可以将基础养老金和个人账户结合起来。中央政府负责为农民工拨付基础养老金,个人或用人单位依照一定的比例在个人账户中存入养老保险费。其中,单位不得低于10%的比例,个人比例应该不少于40%。超过最低缴费标准的,个人和单位结合自己的实际情况,可自愿选择。在农民工的个人账户中,将个人缴费和单位缴费都计算进来,要做好实账管理工作。本人个人账户累计储存总额除以计发月数便为个人账户养老金计发标准的月领取额。基础养老金标准依照当地最低生活保障标准来计算,该标准是全国统一的。由中央财政拨付基础养老金,养老金的筹集工作由中央财政负责。通常情况下,当农民工依照相关规定缴满15年的养老保险费后,无论男女,在60周岁之后就可以按月获得养老金。

特殊情况下,经县级人力资源和社会保障部门批准,可提前1~5年领取养老金,每提前1年减发1.5%的养老金。鼓励推迟领取,每推迟1年增发1.5%的养老金。农民工个人账户基金遵循专户专管的原则。参加保险的农民在缴费期间死亡的,该死亡人员账户的全部资金必须一次性尽快地退还给指定受益人,无指定受益人的要退还其法定继承人。参加保险的农民在领取养老金期间去世的,他的指定受益人或法定继承人可获得他账户中的所有剩余资金。在开展基金投资管理工作时,应该依照国务院相关部门制定的规定执行。通常情况下,农民工个人账户不能退保,但如果发生意外情况,如农民工患重病,无法支付医疗费用,或遇到突发性事故,导致个人的劳动能力丧失,给家庭带来了沉重的负担,已经失去物质保障,此时可将相关证明提交给有关部门,经过审核,情况属实的,可以将个人账户中的所有费用先行支付。如果到期后无力归还贷款,要依照相关规定,办理退保。可以进行金融创新,参保的农民工可以将保险证作为质押,从金融机构获得小额贷款,从而满足生活或生产方面的资金需求,要结合农民工的情况,制定科学、合理的制度,质押贷款应该具有一定的吸引力,从而推动金融业和经济的发展。如果农民工转移到其他地区,各部门应该帮助其做好养老保险关系转移工作,在转移时应该转移个人账户中的所有资金。

与此同时,进城务工农民所拥有的土地,可以按规定进行流转,收取流转金,既能防止土地闲置,资源浪费,又能增强农民工的缴费能力。要想让农村剩余劳动力顺利转移到城市当中,必须要让这些农民工获得稳定的社会保障,当农民工减少后顾之忧后,他们才愿意离开农村,到城市中务工发展。

(三) 建立农村计生家庭社会养老保障制度框架

在建设农村计生家庭养老保障制度时,要结合农村经济发展情况,同时也要以农保制度的建设为基础,要将集体补助、政府奖励和个人缴费结合在一起,探索新型养老保险模式,要考虑到农村的经济发展水平,并将农村计生家庭奖励和养老保障制度相结合。社会养老保险是计生家庭养老保障制度的主体构成,补充性养老保险和救助性养老保障也是农村计生家庭养老保障制度的组成部分。

(1) 建立西部少数民族地区农村计生家庭养老保险制度。一些地区的城镇化步伐比较快,也取得了明显的进展,这些地区在开展养老保障工作时,可参照城镇职工基本养老保险的方式,由财政部门拨付基础养老金,村集体补贴一部分,农民个人承担一部分,如果是独生子女或有两个女儿的农民家庭,可以在城镇职工养老保险范围内纳入这些群体,使这些农民也可以享受到养老保险待遇。在农村没有实施社会养老保险的地方及区域,可以先在双女户家庭或独生子女家庭中开展农保试点工作。一些地区已经推广并普及农保制度,在制定政策时可向计划生育家庭倾斜。

(2)结合西部少数民族地区情况,为他们制定计生家庭补充性养老保险制度。一定要坚持农民自愿原则,由财政部门拨付基础养老金、村集体给予一定的补贴,个人缴纳一部分费用,同时也可结合自己的实际情况,多缴纳一些费用,到固定期限后,按照个人账户中的全部金额,每月领取养老金。

(3)对西部少数民族地区农村计生家庭救助性养老保障进行完善。独生子女家庭或计生家庭,如果收入较低,生活缺少保障,可以让他们享受生活保障,使这些贫困农民能够获得基本生活保障。

(四)实施"以房养老"的养老保障模式

2013年国务院对外发布了《关于加快发展养老服务业的若干意见》。国家发改委、民政部联合召开新闻发布会上,介绍了加快养老服务业发展的有关政策和规定。会上提到,我国开始推行老年人住房反向抵押的养老保险,这是一项新型养老保险方式,能够为金融养老、住房养老提供有利条件,以房养老指的是拥有房子的人向金融机构抵押房屋产权,保险公司等机构对办理贷款的人进行全面的审核,包括生命期望值、贷款人年龄、目前房产价值以及房产在以后的价值等,综合各项因素,制定一个合理的基数,为房主发放养老金,这种形式被称为是住房反向抵押贷款。房屋所有者在生前还拥有房屋居住权,当他们去世后,对他们的房产进行出售,贷款的本息从房款中扣除,抵押权人可获得扣除后的部分。这种方式属于分期放贷,一次性付清贷款,这种方式和按揭贷款刚好相反,因此也叫做倒按揭。但是这种方式也存在一个问题,即我国农村居民受传统文化的影响,都想将房产留给子女,如果抵押出去,农民暂时无法接受。但是对于农村的无配偶、无子女、没人照顾的人,年纪超过60周岁、丧失劳动能力的孤寡老人,无疑是一种可资借鉴的补充养老模式。

六、大力推行农村老人养老救助制度,加快养老服务体系建设

对农村养老能力不足的补充的一个方法是由政府安排一定资金,建立对农村老年人特别是年龄较大而且特别贫困老年人的生活养老补贴制度,这也是提高农村老年人生活质量所必需的。应落实一些政策如对高龄老人发放生活补助金等,使农村的贫困老人获得生活救助,让他们老有所依,老有所养。同时,为发挥养老服务机构在养老服务体系建设中的支撑作用,应加大力度筹资新建、改扩建老年福利机构,资助和政策扶持民办养老机构。比如由省本级福彩公益金投入建设基层老年活动中心,每年安排开展"百村建设"计划,帮助更多基层老年协会改造活动场所,购置活动器材和图书等。

其中,在发展养老服务体系建设方面,云南省红河州进行的一系列工作与创新取得了一定的成就,为西部少数民族地区养老服务体系建设的具体实施措施提供了借鉴。其主要措施如下:一是适当提高高龄津贴标准。全州高龄津贴标准提高为:年满80周岁至89周岁的高龄老人,在每人每月享受16.67元的基础上提高到每人每月享受20元;年满90周岁至99周岁的高龄老人,在每人每月享受33.33元的基础上提高到每人每月享受35元;年满100周岁以上的长寿老人,继续实行每人每月享受200元的政策。其中,高龄津贴由省、州、县市三级财政共同承担。二是积极开展村级敬老院建设试点工作。按照《老年人社会福利机构基本规范》和《云南省民政厅关于印发农村五保供养服务机构建设指导意见的通知》的有关规定,在距城镇较远,人口相对集中的行政村或自然村建设村级养老院,并遵循以下建设标准:①村级养老院原则上以村民委员会为单位建设,积极性高,条件成熟的自然村也可以单独建设,其性质属于集体所有。②以村民委员会为单位建设的村级养老院,五保供养对象一般应在15人以上;以自然村为单位建设

的村级敬老院,五保供养对象一般应在5人以上。③布局科学合理,充分考虑老年人、残疾人的生活需求,每个村级敬老院建筑面积不得低于150平方米,居住用房适用面积不低于12平方米,每个床位使用面积要大于6平方米。④拥有各项设施,包括各类辅助设施,如厨房、餐厅、活动场所等,还有一些生产用地。其中工作措施里规定应多渠道筹建建设资金,省、州对村级敬老院建设实施"以奖代补"政策,每个村级养老院省、州补助10万~15万元,不足部分由县、市解决,同时积极动员社会力量投资建设村级敬老院;健全供养经费保障机制,集中供养对象的土地、房屋等可由集体出面承包,其收益归敬老院作为五保对象供养经费,除此之外,民政部门从城乡困难群众临时救助经费中按每人每月150元的标准给予补助,敬老院也可以利用闲置的房间和床位收养自费入院的非五保对象,以增加收入;抓好管理服务人员配备,农村建立的敬老院应该有严格的管理规定,老人数量和服务人员比例要保持在10∶1,各级民政部门可为这些敬老院拨付一些管理费用,以保证正常开展日常管理工作,如果是自然村建立的敬老院,每年为敬老院发放的补助不应低于6 000元,如果是村委会敬老院,每年发放补助不低于7 000元。之所以在本村建立敬老院,是为了让一些五保对象能够在当地享受到供养,让他们获得基本的老年保障,享受到人性化服务。所以,应该加大力度建设村级敬老院,这既可以让五保供养模式发挥基本养老作用,同时也能为新形式的五保供养发展提供条件,能够使新型农村养老服务体系得到发展和完善。

七、继续发挥传统家庭养老的作用和强化农村养老非正式支持

(一)使家庭养老发挥巨大的作用

经济发展与人口老龄化并不处在相同阶段,建立起全方位的社会养老保障制度在较短时间内是不可能的,而传统的家庭养老

能够弥补社会养老的缺陷,如能够让老年人获得精神慰藉和起居照料等,因此,要重视传统家庭养老的功能。在一些地区做好三好家庭、先进文明户的评选工作,在全社会营造尊老爱老的社会风气,使家庭养老得以推广。增强全社会对人口老龄化问题重要性、紧迫性的认识,进一步加大对敬老、养老美德的宣传力度等。除此之外,还要大力发展农村的基础教育事业,加大对农村人员开发的力度。农民若是得到了较好的教育,他们就会获得一定的养老能力,能够为子女提供较好的生活条件,到他们年老时,子女也有能力照料他们,使他们不再有后顾之忧。

(二)做好农村养老非正式支持工作

许多人认为这种养老方式就是家庭养老方式,但实质上,非正式支持养老的一个构成部分是家庭养老,但家庭养老并不是它的全部内容。因此应该做好社会志愿者服务,为老年人提供更多的服务,老年人也可参与志愿者服务中来。在市场经济下,非正式支持养老方式发挥的作用越来越重要,而老年人之间的互帮互助服务也能发挥重要作用,老年人参与志愿者活动,能够为他们提供参与社会活动的机会,创造一些条件为老年人实现其人生价值,对于经济发展比较高的农村尤其适用。

参 考 文 献

[1] 蔡虹.全国9712万65岁以上老人纳入健康管理[N].四川工人日报,2012-10-13.
[2] 赵华,葛素红.我国老年人占世界老龄总数1/5农村养老问题严重[Z].中国广播网,2006-7-16.
[3] 中华人民共和国国务院.中国老龄事业发展"十二五"规划[Z].中国新闻网,2011-9-23.
[4] 黄维民,冯振东.文化视角下的中国西部农村少数民族社会保障研究[M].北京:中国社会科学出版社,2011.
[5] 郝金磊.基于区域差异的中国农村养老保障模式研究[D].西北农林科技大学,2011.
[6] Gale Johnson D. Social Security for the Rural Elderly[R]. International Symposium On China's Social.
[7] 林俊荣.土地经营权流转与农村养老保障资金的筹措[J].农村经济,2006(06):73-75.
[8] Brunner J K. Transition from a Pay-as-you-go to a fully funded pension system:the case of differing individuals and intragenerational fairness [J]. Journal of Public Economics. 1996,60:131-146.
[9] 徐莉,D·盖尔·约翰逊.中国农村老年人的社会保障[J].中国人口科学,1999,05:1-10.
[10] Anita Ching Ying Ng, David R Phillips, William Keng-mun Lee. Persistence and challenges to filial piety and informal support of older persons inmodern Chinese society:a cases study in Tuen Mun. Journal of Aging Studies. 2002,16:135-153.
[11] Shih-Jiunn Shi. Left to market and family again? Ideas and the development of the rural pensionpolicy in China. Social Policy and Administration. 2006,40(7):791-806.

[12] 马丁·费尔德斯坦,杰弗里·利伯曼.实现中国养老保险体制的潜力[J].中国发展观察,2006(04):31-33.
[13] 于学军.中国的家庭养老[J].社科信息文荟,1995(18):13-14.
[14] 李建新,于学军,王广州,刘鸿雁.中国农村养老意愿和养老方式的研究[J].人口与经济,2004(05):7-12.
[15] 王树和.转型期中国农村养老保障问题研究[D].山东农业大学,2006.
[16] 李宗华.转型期中国农村养老保障模式研究[D].山东大学,2007.
[17] 覃雁君,岳林璐,王继超.农村土地流转对农民养老保障行为影响的调查研究——基于对句容市古村、延福村、太平村的调研数据分析[J].安徽农学通报,2010,16(23):3-7.
[18] 郑雄飞.完善土地流转制度研究:国内"土地换保障"的研究述评[J].中国土地科学,2010(2):76-80.
[19] 付春红.基于农村土地流转制度下我国西部地区农民养老保障的思考[J].商场现代化,2010(02):66-67.
[20] 王秉春.农村社会保障制度的法治研究[D].黑龙江大学,2005.
[21] 王祥东.新型农村社会养老保险法律制度完善研究——以农民土地权益实现为视角[J].江淮论坛,2013(06):127-131.
[22] 韩芳.中国农村土地养老保障功能研究综述[J].河北农业科学,2008(09):145-148.
[23] 朱德海.土地管理信息系统[M].北京:中国农业大学出版社,2000.
[24] 卢新,刘俞成.基于因子分析的开发区土地集约利用评价——以广西为例[J].广西社会科学,2012(12):26-29.
[25] 王雄军,等.基于因子分析法研究太原市土壤重金属污染的主要来源[J].生态环境,2008,17(2):671-676.
[26] 刘思峰,等.灰色系统理论及其应用[M].3版.北京:科学出版社,2004.
[27] 李秀霞.吉林省统筹城乡发展中农村土地流转影响因素研究[J].水土保持研究,2012,19(5):185-189.
[28] 未知.云南省昭通鲁甸县乐红乡新林村民委员会[EB/OL].乡村数字网.http://www.ynszxc.gov.cn/S1/S391/S413/S416/S41893/.
[29] 米红.农村社会养老保障理论、方法与制度设计[M].杭州:浙江大学出版社,2007.
[30] 韩芳.农村土地养老保障功能研究[M].北京:知识产权出版社,2010.

[31] 宋洪国.农村集体土地使用权流转的问题研究[D].山东农业大学,2006.
[32] 王如鹏.农村养老保障问题研究——基于土地流转制度的分析[D].吉林大学,2010.
[33] 周芸.试论新中国农地制度的变迁[D].太原科技大学,2011.
[34] 胡明辉.我国农村土地流转模式研究[D].燕山大学,2008.
[35] 董焱.重庆市农村集体土地使用权流转研究[D].西南农业大学,2005.
[36] 耿永志.农村社会保障与农地制度的关系研究[D].河北农业大学,2010.
[37] 仇晓辉.农村承包经营用地流转问题研究[D].云南财经大学,2011.
[38] 杨学文.完善农村土地流转机制的思考与建议[J].国土资源导刊·理论版,2010(3).
[39] 菊地真琴.中日农村土地流转制度比较[J].农业问题研究,2011(2):259-263.
[40] 朱晓渭.农村土地流转制度创新与地方政府选择[D].西北大学,2007.
[41] 亚当·斯密.国民财富的性质和原因的研究[M].北京:商务印书馆,1972.
[42] 李银伟.地租地价理论[EB/OL].http://wenku.baidu.com/view/adabf27702768e9951e738af.html.
[43] 未知.地租和地价理论[EB/OL]教育培训网.http://www.exam8.com/wangxiao/shiting/.
[44] 何维达,杨仕辉.现代西方产权理论[M].北京:中国财政经济出版社,1998.
[45] 闵桂林,祝爱武.中国农村土地产权制度改革方向探讨[J].中国流通经济,2007(12):25-28.
[46] 周莹.中国农村养老保障制度的路径选择研究[D].复旦大学,2006.
[47] 胡豹,卫新.国外农村社会养老保障的实践比较与启示[J].商业研究,2006(07):52-55.
[48] 张爱国.陕西农村养老保障模式选择研究[D].西北农林科技大学,2008.
[49] 张艳彩.杨凌区元树村养老模式研究[D].西北农林科技大学,2009.
[50] 林洁.中国农村社会养老保险基金运行机制研究[D].辽宁师范大

学,2010.
- [51] 范以环.基于地方政府责任视角的农村社会养老保险制度研究[D].南京农业大学,2012.
- [52] 马冬梅.完善我国农民养老保障的对策研究[J].华章,2009(24):20-23.
- [53] 赵俊福.土地流转视角下的农村养老保障建设研究[D].首都经济贸易大学,2011.
- [54] 黄抗.失地农民再社会化研究[D].安徽大学,2012.
- [55] 杨明芳.我国城镇化进程中失地农民生存问题研究[J].北京城市学院学报,2011(04):32-35.
- [56] 赵俊福.土地流转对农村社会保障的影响机制分析[J].武汉商业服务学院学报,2010(05):32-34.
- [57] 施乐.土地流转下的中国农民养老保障问题研究[D].兰州理工大学,2012.
- [58] 王欣,周伟洲.论西部大开发中的西北民族问题[J].西北大学学报(哲学社会科学版),2001(04):10-17.
- [59] 贾小显.从传统养老文化探析我国农村养老保障制度的完善[D].河北大学,2009.
- [60] 张丰.西部大开发进程中的新疆民族问题研究[D].华东师范大学,2006.
- [61] 张志鹏.宗教对养老的影响与参与[N].中国民族报,2011-01-25.
- [62] 杨复兴.论中国农村养老保障模式创新的基本视角和内容[J].经济问题探索,2006(02):75-79.
- [63] 刘佳,吴迪.中国西部地区土地流转的制度约束及管理模式创新研究——以甘肃、贵州两省为例[J].现代商业,2009(24):102+101.
- [64] 刘敬.完善西部农村地区养老保障模式的研究[D].陕西师范大学,2011.
- [65] 林虎.邯郸市农村土地养老保障现状研究[D].华中师范大学,2012.
- [66] 田欧南.吉林省农村土地流转问题研究[D].吉林农业大学,2012.
- [67] 丁瑶,邓兰燕.西部地区土地流转制度创新设计[J].探索,2008(05):104-108.
- [68] 张艳春.少数民族地区农村养老保障的建立和发展分析——以朝鲜族

聚居的延边地区为例[J].黑龙江民族丛刊,2009(05):62-66.
[69] 张晓东,赵先伟,威原.农村留守老人养老新模式[N].中国县域经济报,2013-09-19.
[70] 陈志国.发展中国家农村养老保障构架与中国农村养老保险模式选择[A].北京大学中国保险与社会保障研究中心(CCISSR).变革中的稳健:保险、社会保障与经济可持续发展——北大 CCISSR 论坛文集·2005[C].北京大学中国保险与社会保障研究中心(CCISSR),2005:20.
[71] 李英俊.潍坊市新型农村合作医疗问题研究[D].中国农业科学院,2009.
[72] 陈树德.民进云南省委建言农村养老保障体系[N].人民政协报,2009-05-04A03.
[73] 白天亮.居民与职工养老保险可转换[N].人民日报,2014-02-27.
[74] 罗娟.农民工是统一城乡养老保险最大收益群体[N].工人日报,2014-02-27.
[75] 玄莹.我国农村社会养老保险研究[D].中南林业科技大学,2013.
[76] 王涛.国外养老保险制度经验及对我国农村社会养老保险的启示[D].东北财经大学,2012.
[77] 谢晓赟.新型农村社会养老保险制度推进中的问题与对策研究[D].山东经济学院,2011.
[78] 韩立娜.河北省新型农村社会养老保险需求研究[D].河北经贸大学,2011.
[79] 惠恩才.我国农村社会养老保险基金管理与运营研究[J].农业经济问题,2011(07):23-30.
[80] 卢海元.澳大利亚社会养老保障制度考察报告[J].湖湘论坛,2009(05):81-86.
[81] 诸葛立早.市场永远是非精确的[N].上海证券报,2007-09-10.
[82] 谭琳玲.民族地区农村最低生活保障制度研究[D].中南民族大学,2012.
[83] 谭琳玲.关于完善中西部民族地区最低生活保障制度的思考——基于基本公共服务均等化的研究视角[J].湖北经济学院学报(人文社会科学版),2011(05):16-17.
[84] 卢海元.被征地农民社会保障工作的基本情况与政策取向[J].社会保

障研究,2009(01):10-20.

[85] 李亮亮.完善上海市农民工养老保险制度研究[D].上海工程技术大学,2010.

[86] 卢海元.农民工养老保险:基础养老金+账户养老金[J].中国社会保障,2008(06):29-30.

[87] 许青林.建立多极化农村养老保障体系[J].吕梁教育学院学报,2007(03):67-68.

[88] 侯晓虹.农村计生家庭社会养老保障制度框架[N].中国人口报,2010-03-12.

[89] 《河南省农村计划生育家庭社会保障制度研究》课题组.河南省农村计划生育家庭社会保障制度研究[J].河南教育学院学报(哲学社会科学版),2008(06):67-69.

[90] 李绿江,朱晓琳.南宁市多措施完善社保机制[N].南宁日报,2013-09-26.

[91] 田少军,杨利春.老吾老以及人之老——农村人口老龄化与养老保障[J].中国图书评论,2006(10):18-22.

[92] 沈少博.建立多元化农村养老保障体系[N].中国人口报,2009-12-21.

[93] 蔡路,崔瑛.基于土地流转制度下的农村养老模式探析[J].云南农业大学学报(社会科学版),2010(03):6-9.

[94] 黎彩凤,张焱,崔瑛.西部少数民族地区土地流转现状与对策[J].现代农业科技,2013(17):341-343.

[95] 王倩,崔瑛.浅析云南省农村社会养老保险基金增值途径[J].云南农业大学学报(社会科学版),2013(06):9-12.

[96] 王凤,崔瑛.转轨背景下云南省失地农民就业问题新探[J].农村经济与科技,2011(01):63-64.

[97] 崔瑛.对云南省农村土地流转问题的思考[J].中国集体经济,2012(01):18-19.

[98] 侯艳,崔瑛.浅议云南省农村贫困人口的养老保障[J].当代经济,2012(01):32-33.

[99] 朱志敏,崔瑛.我国农民工养老保险探析[J].当代经济,2012(04):32-33.

[100] 朱弘,李硕,崔瑛,余佳祥.云南少数民族地区农村养老保险现状与对

策探析——基于对普洱市农村养老保险调查[J].中国市场,2012(22):54-55.

[101] 崔瑛,李慧芳.西部少数民族地区农民养老保障机制改革研究——基于普洱市的调研[J].云南农业大学学报(社会科学版),2012(04):5-9.

[102] 张焱,文淑惠,董晓波,崔瑛.西部少数民族地区农村老人生活及养老状况的调查分析[J].云南农业大学学报(社会科学版),2013(05):1-6.

[103] 易翼,崔瑛.云南省农村养老保障现状及问题研究——基于对红河州建水县的调研[J].当代经济,2013(02):96-97.

[104] 李皎,崔瑛,国进.楚雄市失地农民权益保障现状及对策初探[J].经济研究导刊,2013(04):40-42.

[105] 许莉芬,崔瑛.浅析新生代农民工发展中的问题[J].当代经济,2010(20):42.

[106] 代贞贞,崔瑛,张倩.浅析云南省农村养老资源缺失问题[J].当代经济,2014(04).

附 录

问 卷 调 查 一

西部少数民族地区土地流转制度下的农民养老保障机制改革研究

<u>国家社会科学基金项目西部项目(11XRK002)问卷调查表</u>

介绍:

您好,我是××大学的_____,正在进行一项西部少数民族地区土地流转制度下的农民养老保障机制的问卷调查,用于帮助政府提高农民养老保障水平。

调查人员:我想采访您大约20分钟,可以吗?

农户编码_____ 年/月/日_____

_____省 _____州/市 _____县 _____乡/镇 _____村 _____村小组

调查人员_____ 问卷核对者_____

---

1. 农户基本信息

老年人人数_____ 家庭人口(指目前居住生活在一起的家庭成员)_____ 家庭总人数_____

2. 受访老年人基本信息

(1) 性别(1. 男;2. 女)年龄:_____

(2) 民族:_____

(3) 教育程度:1. 大专及以上;2. 高中;3. 初中;4. 小学;5. 小学以下

(4) 老人与子女居住方式:1. 与子女同住 2. 与子女分家,同住一村 3. 与子女不在一村

(5) 老人日常生活自理情况:1. 能 2. 部分能 3. 不能

(6) 老人是否有慢性病:＿＿＿＿;2011 年是否生病:＿＿＿＿;生病是否住院:＿＿＿＿;是否卧病在床:＿＿＿＿。(是填"1";否填"0")

3. 家庭收支情况

表一　　　　　　　农民家庭收入

年份	土地性收入①(元)	副业收入②(元)	工资性收入③(元)	财产性收入④(元)	转移性收入⑤(元)	经营性收入⑥(元)	合计(元)
2008							
2009							
2010							
2011							
2012							

①土地性收入为农户出售农产品的收入和土地转让收入;②副业收入指不包含土地性收入的农业收入;③工资性收入为打工收入;④财产性收入为存款、债券、股票等利息收入以及房屋出租收入;⑤转移性收入为政府补贴、亲友赠送、子女赡养等收入;⑥经营性收入为经营小本生意和经营企业的收入。

表二　　　　　农民家庭支出情况及目的

年份	家庭收入(元/年)	养老支出(元/年)	购买大件(元/年)	子女教育(元/年)	子女结婚(元/年)
2008					
2009					
2010					
2011					
2012					

表三　　　　　　　家庭食物需求及其支出

生活需求种类	年平均支出（元/年/人）	来源途径	满意程度
粮食			
肉、蛋、奶			
蔬菜			
水果			
合计			

4. 老年人的收支情况

表四　　　老年人数_____　　　老人经济收入情况(元/人)

年份	种地收入（元）	低保收入（元）	副业收入（元）	做生意收入（元）	出租房屋（元）	转包土地（元）	子女亲友（元）	人情往来收入（元）	合计（元）
2008									
2009									
2010									
2011									
2012									
2013									

表五　　　老年人数_____　　　老人的支出(元/人)

年份	食物支出(元)	衣物支出(元)	居住(元)	人情往来支出(元)	医疗费用(元)	合计(元)
2008						
2009						
2010						
2011						
2012						

表六

年份	租出			转包出			参加入股			互换			抵押			无偿转让		
	面积（亩）	收入（元/亩）	年限	面积（亩）	收入（元/亩）	年限	面积（亩）	收入（元/亩）	年限	面积（亩）	收入（元/亩）	年限	面积（亩）	收入（元/亩）	年限	面积（亩）	收入（元/亩）	年限
2010																		
2011																		

表七

年份	租入			转包入			接受入股			互换			抵押			无偿耕种		
	面积（亩）	收入（元/亩）	年限	面积（亩）	收入（元/亩）	年限	面积（亩）	收入（元/亩）	年限	面积（亩）	收入（元/亩）	年限	面积（亩）	收入（元/亩）	年限	面积（亩）	收入（元/亩）	年限
2010																		
2011																		
2012																		
2013																		

5. 农民对整个家庭土地的使用情况

目前拥有土地＿＿＿＿＿＿＿亩（不包括流入的土地）；国家征地＿＿＿＿＿＿＿亩，征地收入是＿＿＿＿＿＿＿元。

您转入的土地主要种植的是＿＿＿＿＿＿＿

A. 粮食　B. 蔬菜　C. 果树　D. 其他（请写明：＿＿＿＿＿＿＿）

6. 您对土地的态度：＿＿＿＿＿＿＿

A. 土地能提供全部养老　　　B. 土地能提供部分养老

C. 土地可有可无　　　　　　D. 土地是负担

7. 对于您来说

（1）目前最重要的养老经济支持：＿＿＿＿＿＿＿

1. 土地收入　2. 农业外收入　3. 社会养老保险　4. 商业养老保险　5. 政府集体救助　6. 储蓄

（2）种植收入来养老是否有负担：＿＿＿＿＿＿＿（是填"1"；否填"0"）

（3）农村养老保险是否有意义：＿＿＿＿＿＿＿（是填"1"；否填"0"）

8. 目前养老的经济来源是：＿＿＿＿＿＿＿

A. 子女供给

B. 自己的积蓄

C. 社会养老保险解决资金

9. 您目前的生活照顾方式是：＿＿＿＿＿＿＿

A. 子女照顾生活　　　　　　B. 社会（养老院）照顾生活

C. 生活自理

10. 您是否担心您及您的家人的养老问题？＿＿＿＿＿＿＿

A. 担心　　　B. 不担心

11. 您目前的农村养老保险情况：＿＿＿＿＿＿＿

A. 还没加入养老保险　　　　B. 已经加入养老保险

如果已加入养老保险，您个人缴纳＿＿＿＿＿＿＿元/月，集体补助＿＿＿＿＿＿＿元，政府补贴＿＿＿＿＿＿＿元。

如果没有加入养老保险，您以什么方式养老？＿＿＿＿＿＿＿；您期望以什么方式养老_____;是否希望加入养老保险_____(是填"1";否填"0")。

在没有加入社保的情况下,您最担心什么问题?_____

A. 看病问题　　　B. 养老问题　　　C. 贫困问题

12. 您目前医疗支出的主要补偿方式是什么?_____

A. 自费　　　　　B. 农村合作医疗　C. 子女负担

13. 您期望得到哪种医疗保障模式?_____

A. 住院费用　　　B. 体检费用　　　C. 门诊费用

14. 您对周围的娱乐设施或健身设施持什么态度?_____

A. 满意　　　　　B. 无所谓　　　　C. 不满意

15. 您对精神慰藉和娱乐生活方面的建议:_____

非常感谢您的支持,我们将把您的情况如实反映到我们研究的项目中!

课题组

问卷调查二

西部少数民族地区土地流转制度下的农民养老保障机制改革研究
国家社会科学基金西部项目(11XRK002)问卷调查表

介绍：

您好，我是××大学的_____，正在进行一项西部少数民族地区土地流转制度下的农民养老保障机制的问卷调查，用于帮助政府提高农民养老保障水平。

调查人员：我想采访您大约20分钟，可以吗？

农户编码_____   年/月/日_____

_____省_____州/市_____县_____乡/镇

_____村_____村总人口_____

调查人员_____ 问卷核对者_____

表1　　　　　被调查村的土地使用情况

	人口(人)	人均土地(亩)	土地收入(元/亩)	有无转包	转包价格(元/亩)	集体控制土地(亩)	是否征用(亩)	征用价格(元/亩/年)
村								

表2　　　　被调查村庄65岁以上老人土地收入情况

村庄名称	调查老年人数	人均耕地(亩)	土地年人均收入(元/人)	养老年总费用(元/人)	土地收入支持(%)
村					

表3 _____村_____年种植作物成本及收益

	种子（元）	化肥（元）	农药（元）	播种（元）	水电（元）	收割（元）	产量（斤）	市场价格（元）	成本（元）	毛收入（元）	纯收入（元）
洋芋											
玉米											
烟草											

表4 土地种植结构与收入

土地经营内容	土地人均年收入（元）	人均养老总费用（元）	土地收入支持比例（%）
蔬菜			
粮食			

表5 土地经营面积与收入

老人人均土地面积	种植作物	土地人均年收入(元)	人均养老总费用(元/年)	土地收入支持比例(%)
<1亩	玉米 洋芋 大豆			
1~2亩				
2~3亩				
3~5亩				
4~5亩				
5亩以上				

表6 _____村土地面积变化　　　　　　单位：亩

年份	总面积	人均面积
2007		
2008		
2009		
2010		
2011		
2012		
2013		

非常感谢您的支持，我们将把您的情况如实反映到我们研究的项目中！

课题组